Journal of the Study of Premodern Multilingual Textbooks

譯學과 譯學書

第 8 號

2017. 12

國際譯學書學會

譯學과 譯學書 ·第8號·

目 次

한국어의 형성에 대하여*

鄭光

(韓國, 高麗大)

<Abstract>

On the Formation of Korean Language

The formation of the Korean language has been discussed mostly from a theory of divergence. Adopting a theory of convergence instead, this paper claims that the Goguryeo and the Silla languages, which were the two most representative languages in ancient Korea, converged into medieval Korean during the Goryeo Dynasty (918-1392 CE). It argues against a popular view that the Silla language, which was claimed to be the only language that existed in ancient Korea, developed into medieval Korean, thus totally ignoring the existence of the Goguryeo language. Chung(정광, 2011), on the contrary, argued that those two languages had existed as two separate languages till the three kingdoms were united by the Unified Silla in or before the year of 676 CE, although they were similar enough to be grouped into one and the same language family. The Goguryeo language had been in common use around Gaeseong, part of the territory of Goguryeo, which later became the capital city of Goryeo. The language of Goguryeo was then gradually absorbed into the language of Silla over the period of two centuries reigned by the Unified Silla, thereby converged into medieval Korean along with the Silla language. Such a claim of Chung (정광, 2011) matches the view of Lee Ki-Moon (이기문, 1972) that the language of Goguryo remained in medieval Korean as forming its substratum.

---

* 이 논문은 정광(1997)을 전면적으로 개고한 것으로 가칭 『국어사대계』(권2) 「국어사개관」에 게재할 목적으로 작성되었다. 그러나 대학의 국어사 교과서로 준비되는 이 책에 앞서 학술지에 실어 同學 여러분의 叱正을 미리 받고자 한다. 이 글을 읽고 의견이 있으면 알려주시면 감사하겠다.

1. 들어가기

1.0 우리가 사용하고 있는 한국어가 어떻게 형성되었는지 정확한 연구는 아직 없는 형편이다. 다만 이기문(1961)에서 한국어는 선사시대에 고구려어를 대표로 하는 북방계 언어와 신라어를 대표로 하는 남방계 언어가 고려의 건국으로 중세한국어로 통합되었다고 보았다. 그러나 신라어와 비교하여 본 중세한국어는 문법이나 음운, 어휘의 근간이 서로 유사하여 중세한국어가 실제로는 신라어를 중심으로 통합되었고 고구려를 비롯한 북방계 언어들은 중세한국어의 저층(substratum)을 이룰 뿐이라는 학설이 세력을 얻었다.

중세한국어가 남방계 신라어를 모태로 하여 형성된 것이라는 주장에는 남방계와 북방계의 언어들이 모두 하나의 어족에 속한 것을 전제로 한 것이다. 즉, 신라어로 대표되는 남방계 언어들이나 고구려어로 대표되는 북방계 언어가 모두 알타이어족의 같은 語派에 속한다는 가정에 의거한 것이다. 또 이러한 주장의 근저에는 언어의 分岐論(divergence)이 강하게 작용하고 있다. 한국어의 형성 과정을 살피기에 앞서 먼저 알타이어족설과 언어의 분기론에 대하여 살펴보기로 한다.

1.1 한국어의 알타이어족설이 Polivanov(1927)와 Ramstedt(1928)에서 조심스럽게 제안되었으며 Ramstedt(1957)에서 한국어가 Altai어족의 공통 조어에서 분기한 알타이어족의 四語派의 하나임을 제안하였다. 그때까지 알타이어족의 연구에서 제외됐던 한국어가 알타이어족의 사어파의 하나로 화려하게 등장한 것이다. 그러나 Poppe(1950)[1]에서는 한국어가 알타이공통조어에서 가장 먼저 분기한 언어로 보았으며 람스테트가 제시한 비교의 예 가운데 몇 가지 오류를 지적하고 그의 알타이어족의 계통도를 수정하였다. 이어서 Poppe(1960)에서는 한국어의 어휘 82개를 비교하여 한국어의 알타이어족설을 좀 더 정밀화시켰다.

이러한 포페의 학설은 1950년대부터 1980년대를 잇는 엄격한 동서 냉전의

---

1) 이 논문은 람스테트의 역작 『한국어 어원연구』(Ramstedt:1949)에 대한 서평이었다.

각축 속에서 서방 세계의 가장 신빙성 있는 학설로서 부동의 위치를 치켜왔다. 그의 연구는 1960년대 김방한·이기문·김완진 등 국내학자의 지지와 수용으로 한국어가 알타이어족에 속한다는 학설은 우리 학계에서도 일반화되었다. 반면에 외국에서는, 특히 歐美제국에서는 알타이어족의 존재와 어족 내의 여러 언어들의 상호 친족관계에 대하여 회의적이었고 많은 반대와 새로운 가설이 제기되었다.

국내에서도 1960년대부터 선사시대에 한반도에 거주했던 한국인의 선조에 대하여 괄목할 考古人類學的 연구가 시작되었다. 漢江 유역과 洛東江 유역의 先史遺蹟地가 발굴되었으며 그에 대한 연구가 이루어지면서 한민족의 기원에 대한 새로운 사실이 드러났다. 이러한 고고인류학적인 연구 성과는 한반도에 알타이족과는 다른 선주민이 존재했을 가능성이 점차 학계에서 인정되었으며 그에 따라 한국어와 알타이제어 이외의 언어와 계통적 관계를 거론하게 되었다.

1.2 김방한(1983)에서는 한국어의 알타이어족설에 이의를 제기하고 한국어가 어쩌면 古아시아族(Palaeo-Asiatics), 또는 古시베리아族(Palaeo-Siberians)의 언어와 계통적으로 관계를 맺고 있지 않을까 하는 가설을 조심스럽게 제안하였다. 즉, 김방한(1976, 1980)에서는 고아시아족의 하나인 길리야크(Gyliak)족의 언어가 한국어의 기층을 형성하고 있다는 가정을 제기하였고 강길운(1988)에서는 이 가설의 증명이 시도되었다. 이미 Koppelmann(1933)에서는 한국어와 길리약어와의 유사성에 대하여 논의된 바가 있었다.

코펠만(Heinrich Koppelmann)은 앞의 논문에서 한국어와 인도게르만어 및 기타의 다른 어족과의 원유사성(Urverwandtschaft)에 관하여 역사비교언어학적인 논의를 시도하면서 한국어와 길리약어가 언어유형의 유사성(Verwandtschaft im Sprach typus)을 넘어서서 어떤 기원적인 관계가 있는 것으로 보았다. 그러나 그의 가설은 계속된 연구가 없었으며 한국어의 기원과 계통의 연구에서 하나의 가능성을 제시한 것에 불과하게 되었다.

이에 비하여 김방한(1983)에서 제안한 것이나 강길운(1988)에서 주장한 것은 이러한 가능성의 제시로부터 한 걸음 나아가 한국어와 길리야크어의 어휘를 역사비교언어학적인 방법으로 비교하였다. 이러한 비교연구는 앞에서 언급한 고고인류학적인 연구 성과를 바탕으로 한 것이다. 그리고 이 연구는 포페 (N. Poppe) 이후에 널리 확산된 反알타이語族說을 반영한 것으로 이 가설들은 북한의 고고인류학적인 연구 성과와 함께 다시 고찰되어야 할 것이다.

1.3 반면에 중세한국어가 신라어를 대표로 하는 남방계와 고구려어를 대표로 하는 북방계와 결합된 것이라는 주장은 언어의 統合說(convergence)로 설명하는 것이 훨씬 타당하다는 주장이 정광(2008)에 의하여 제기되었다. 언어의 형성에서 통합설은 분기론과 대응하는 이론으로 언어의 형성에서 분기와 통합의 방법을 모두 고찰해야 한다는 주장이다. 그리고 한국어의 형성에는 지금까지 논의한 분기론보다 오히려 언어의 통합설이 더 적절하다는 주장이었다. 그러나 그 동안의 한국어의 형성에 대한 논의에서 통합설에 의거한 것은 거의 없었고 오로지 분기론의 견지에서 고찰되었다는 비판을 면하기 어렵다고 본 것이다.

정광(2008)의 이러한 주장은 알타이어족설에 대하여 21세기 초에 더욱 거세어진 歐美학계의 비판과 더불어 한국어의 형성에 대한 새로운 시각의 연구를 제안한 것이다. 즉, 선사시대와 고대시대에 한반도에 존재한 것으로 역사적 자료에서 언급된 많은 언어들이 고구려어, 백제어, 신라어 그리고 가야어로 통합되었고 이 언어들은 다시 중세한국어로 통합된 것으로 보자는 것이다.

한 언어로부터 분기 발달한 자매어들이 하나의 어족을 형성하며 이들 언어는 서로 유사하다는 언어의 분기설과 지리적으로 인접하여 있거나 정치적, 또는 사회적인 이유로 몇 언어가 서로 유사하게 된다는 통합설은 세계의 언어를 몇 개의 단위로 분류하여 고찰하려는 언어 연구 방법에서 늘 맞서는 이론이다. 후자가 공시적인 언어 접촉의 결과에 의지한다면 전자는 역사적 사실에 근거를 두고 고찰하려는 것이다.

한국어의 기원이나 계통을 밝히려는 연구에서는 분기설이 압도적으로 지지를 받았다. 너무 지나치게 분기설만이 거론되어 오히려 국내 연구자들 가운데는 통합설의 존재조차 모르는 연구자들도 없지 않다. 그러나 20세기 전반부터 세력을 얻기 시작한 언어의 공시적 연구 경향은 언어의 기원이나 계통, 그리고 언어의 분류에서 분기론보다 통합설을 더 신봉하게 하였다. 특히 중세한국어

의 성립이 고려의 건국과 관련을 지어서 본다면 開城을 중심으로 하는 고려의
중앙어는 고구려어와 신라어의 접촉지점이다. 중세한국어의 시작을 고려어의
성립에서 찾는다면 이 언어가 과연 어떤 언어로부터 분기 발달한 것인지 단정
지어 말하기 어렵다. 오히려 신라어가 백제어와 고구려어의 영향을 받아 서로
유사해진 것으로 보는 것이 합리적일 수 있다. 이 경우에 분기론보다는 통합설
이 더 유용한 언어 발달의 이론이라고 할 수 있다.

2. 언어 형성의 분기론과 통합설

2.0 언어 연구의 역사를 조감하면 19세기에 한 언어를 다른 언어와 비교하고
그 언어의 역사를 살피는 언어 연구방법이 성행하였고 그 학문적 객관성과
체계성이 인정되어 서양 학문에서 언어과학(science of language)이 철학이나
문법으로부터 분리되어 하나의 학문 분야가 되었다. 오늘날 우리가 부르는 언
어학(linguistics)은 그렇게 시작된 것이다.

물론 이보다 앞서 문예부흥 시대에 단테(Dante, 1265-1321)의 "De vulgari
eloquentia"에서는 당시 오직 학문적 연구 대상이었던 희랍어와 라틴어, 그리
고 히브리어가 아니고 일반적으로 민중들이 사용하는 이태리어를 연구하기
시작하였다. 그는 자신 알고 있는 유럽의 언어들을 북방의 겔만어(Germanic
in the north), 남방의 라틴어(Latin in the south), 아시아 인접지역의 희랍어
(Greek in Europe and Asia)로 분류하였고 그 후에 스캘리거(Scaliger) 父子가
11개 어족으로 분류하였지만(Robins, 1997) 근대시대의 비교역사언어학에 불
을 지핀 것은 윌리엄 존스(Sir William Jones, 1746-1794)가 제안한 印歐語族의
가설이었으며 역사 언어학의 시작이라고 할 수 있다.

인도 캘커터 아시아학회(Asiatic Society of Calcutta)의 창시자이며 초대
회장이었던 그가 1786년 2월 2일에 행한 제3회 기념 강연(Third Anniversary
Discourse)에서 고대인도의 산스크리트어와 유럽의 여러 언어를 비교하고 이
들의 관련성을 언급하여 당시 유럽의 지식인들을 놀라게 하였다. 이때부터 유

럽에서는 언어의 비교와 더불어 이에 대한 역사적 연구가 본격적으로 이루어
졌다고 본다(Cannon, 1990).[2]

2.0.1 어쩌면 聖書의 바벨탑 교훈을 증명할 수도 있는 존스의 연설은 유럽의
지식인들을 크게 자극하였고 많은 석학들이 언어연구에 몰두하게 하였다. 본격적
인 언어의 음운 비교는 덴마크의 언어학자 라스크(Rasmus K. Rask, 1787-1832)
에 의하여 처음으로 이루어졌다. 그는 스칸디나비아 지역의 여러 언어와 고대
언어(Old Norse)에 대하여 관심을 갖고 덴마크어와 음운을 비교하고 있었다.
그런데 마침 이에 관련하여 1811년에 덴마크의 학술협회(Videnskabernes
Selskab)에서 현상 논문을 공모하였다. 그는 1814년에 완성된 논문으로 여기에
응모하여 톰센(Vilhelm L. P. Thomsen), 에스페르센(Otto Jespersen) 등의 석학
을 물리치고 논문상을 수상하였다.[3]

비록 그의 언어 비교에서 인구어족의 공통조어 연구에서 매우 중요한 산스
크리트어가 빠져있었지만 그가 개발한 음운의 비교방법은 비교언어학의 방향
을 제시하였고 음운의 비교를 통하여 고형을 재구하는 방법을 제시하여 인구
어족의 가설을 증명하는 길을 연 것이다. 비교 음운론적 연구방법을 제시했다
는 점에서 그의 연구는 인구어족 가설의 증명에 본격적인 연구로 볼 수 있다.

2.0.2 대부분의 언어학사에서 역사비교언어학의 시조로 라스크보다 프란즈
보프(Franz Bopp, 1791-1867)를 든다. 그는 1812년부터 16년까지 4년간 파리
의 국립 동양현대어학교(École Nationale des Langues Orientales Vivantes,

---

2) 이때의 강연 제목은 "On the Hindus"이었다(Jones:1799).
3) 당시 학술협회 현상 논문 제목은 ① mit historischer Kritik zu untersuchen und mit
passenden Beispielen zu erläutern, aus welcher Quelle die alte skandinavische Sprache
am sichersten hergeleitet werden kann., ② die Grundsätze genau zu bestimmen,
worauf alle Herleitung und Vergleichung in diesen Sprachen aufgebaut werden muss.
이었으며 그는 "Undersøgelse om det gamle Nordiske eller Islandske Sprogs Oprindelse
- An Investigation on the Origin of the Old Norse or Icelandic language - "라는 제목
의 논문을 써서 당선되었다. 그러나 이 논문이 수정을 거쳐 출판된 것은 1818년이다.
이로 인하여 그를 F. Bopp보다 후대의 인물로 본다(Thomsen, 1927; 泉井久之助・高谷信
一 譯, 1967).

1795년 설립)에서 수학하면서 페르시아어, 인도어, 아라비아어, 히브리어를 접하게 되었고 특히 고대 인도의 산스크리트어를 학습하여 고대 희랍어와 라틴어, 겔만어, 페르시아어와 비교하였다. 그가 1816년에 발표한 논문은 산스크리트어의 동사활용을 다른 언어들과 비교한 것이다.4)

인구어의 음운비교에서 핵심 사항인 제1 음운교체(erste Lautverschiebung)와 제2 음운교체(zweite L.), 그리고 이들의 변화를 지배하는 그림의 법칙(Grimm's Gesets)을 제창하여 이름을 날리게 된 그림(Jakob Grimm, 1785-1863)도 역시 비교언어학의 始祖 가운데 하나로 추앙된다. 그이 이론은 후일 베르너(Verner)의 수정을 거쳐 음운 변화의 규칙성과 이에 대한 예외를 보다 합리적으로 설명하게 되었다.

이들과 동시대에 활약한 정력적인 역사언어학자로 독일의 슐레겔 형제(August Wilhelm von Schlegel, 1767-1845, Friedrich von Schlegel, 1772-1829)를 들수 있다. 형은 헤겔 철학에 의거한 三元的 언어 분류법을 주장하였고5) 동생은 "인도인의 언어와 지혜(Über die Sprache und Weisheit der Indier, 1808)"란 논문을 발표함으로써 고대 인도의 언어를 본격적으로 서방 세계에 소개하여 다음에 있을 보프 등의 산스크리트어 비교 연구를 도왔다. 특히 그는 언어 비교에서 음운의 대응을 발견하였고 언어를 분류할 대에 二元的 분류법을 주장하였다.6)

---

4) 논문 제목은 "Über des conjugationsystem der Sanskritsprache in Vergleichung mit jenem der griechischen, lateinischen, persischen und germanischen Sprache(희랍어, 라틴어, 페르시아어, 게르만어의 그것과 비교한 산스크리트어의 동사활용체계에 대하여)"이었다. 이 연구는 그 후에 계속되어 *Vergleichende Grammatik des Sanskrit, Zend, Griechischen, Lateinischen, Litauischen, Gothisachen und Deutschen*, 1833-52, Berlin으로 결실을 맺는다.

5) 언어의 三元的 분류법, 즉 고립어, 교착어, 굴절어의 분류를 폰 훔볼트(Wilhelm von Humboldt)의 창안으로 보는 견해가 있다. 그러나 그가 삼분법을 여러 차례 설명한 바 있더라도 그 시작은 슐레겔로 보아야 할 것이다.

6) 그의 二元的 분류 방법은 제1종 언어(언근의 음운이 내적으로 교체하여(flexion) 의미의 부수적 한정(Neben- bestimmung der Bedeutung을 나타내는 언어)과 제2종 언어(문법적 형식이 부가되어 부수적 한정을 나타내는 언어)로 나누었으나 제2종에서 의미의 부수적 한정을 단음절의 단어가 담당하는 중국어를 별도로 분리하였음으로 결국은 ① 문법적 구조가 없는 언어(les langues sans aucune structure grammaticale, 중국어 등), ② 접사를 사용하는 언어(les langues, qui emploient des affix), ③ 굴절을 갖는 언어(les

이후 印歐語가 공통조어에서 분기하여 발달되었으며 이들을 생명을 가진 유기체로 보려는 경향이 생겨났다. 특히 슐라이허(August Schleicher, 1821-1868)는 당시 생물학에서 유행하던 다윈의 진화론적인 생각을 언어의 변천과 결부시켜 언어가 태어나고 성장하며 절정에 이르렀다가 쇠퇴하여 소멸한다고 본 것이다.7)

2.1 보프의 직계 제자이었던 슐라이허(August Schleicher)는 헤겔학파로부터 교육을 받았으나 식물학과 원예학에 지대한 관심을 가졌다. 1859년에 발표된 다윈의 진화론은 그에게 절대적인 영향을 끼쳤다. 그는 "다윈이 여러 종의 동물과 식물에 적용했던 이론이 이제는 최소한 주요한 특질들을 언어의 유기적 구조에도 해당시킬 수 있다"(Schleicher, 1863)라고 공언할 정도다. 그의 진화론적 견해는 한 조상언어로부터 여러 언어가 분화 발달한다는 계통수설(Stammbaumtheorie)을 제창하였고 인구어의 계통도를 작성하였다 (Schleicher, 1871)8).

그에 의하면 현존하는 印歐語는 共有하는 변별적인 특징, 즉 어휘에 대응하는 음 변화의 결과에 따라 게르만어파, 이타로-켈트어파 등의 亞族으로 모아진다고 한다. 그 각각의 亞族에 대해서 공통의 基語(Grundsprache)가9) 想定되고 또 이러한 共通基語들 모두에게 공유하는 특징을 가진 단일한 원시조어(Ursprache)가 존재한다고 본 것이다.10) 슐라이허는 그동안 공통 조상어로 특별한 대접을

---

langues à inflexions)로 三分한 셈이다.

7) 그는 말년에 쓴 Schleicher(1863)에서 "언어는 인간 의지에 의해 결정되지 않은 채 생겨나고 일정한 법칙에 따라 성장하며 발전되고 다시 늙어서 죽어가는 자연의 유기체이다. 즉 언어도 '생명'이라는 이름 아래에 있는 일련의 모습을 지니고 있다"라고 하였다 (Robins, 1967).

8) 그의 계통수설은 인구어의 역사적 연구에서 높게 평가된다. 영국의 언어학자로 현대 이전의 언어학사를 정리한 로빈스는 그의 저서에서 "The Stammbaumtheorie, as Schleicher's genealogical model is often called, represents an important development in Indo-European historical linguistics, and in hitorical linguistic theory in general."(Robins, 1997:202)이라 하여 높이 평가하였다.

9) 예를 들면 로망스어파의 基語로서는 라틴어 口語를 들 수 있다.

10) 인구어에서 원시 祖語로부터 基語, 그리고 개별 언어, 방언 등의 分岐에 대하여 영어를 예로 하여 보이면 다음과 같다.

받던 산스크리트어를 이 계통수도에서 아리아 語群(Arian, Indo-Iranian group)에 편입시켰다.

그는 인구어에 공통하는 조어가 각 어파에서 실증되는 對應形을 비교하여 재구할 수 있다고 하였다. 이때에 재구된 고형은 별표(*)를 붙여 실제로 존재하는 형태와 구별하여 표시하는 습관을 시작하였다. 그 자신은 공통 조어의 재구에 대하여 자신을 가졌으나 후일 이러한 그의 태도는 많은 비판을 받게 된다.

언어의 분기론(divergence)은 슐라이허에 계통수설에 의하여 가시적으로 정리된 것이다. 하나의 공통 조어로부터 역사적 변천에 따라 몇 개의 중간 基語가 분기되고 다시 여기서 오늘날의 많은 印歐語가 발달하였다는 생각은 역사 비교언어학의 기본 개념으로 자리 잡게 되었다. 따라서 계통수설은 인구어의 역사적 연구에 중요한 발전이었다.

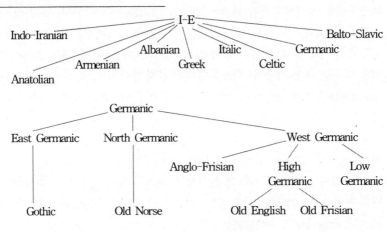

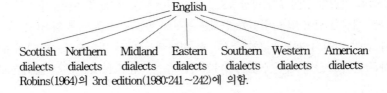

Robins(1964)의 3rd edition(1980:241~242)에 의함.

그러나 그에 대한 비판도 많았는데 언어는 나무의 가지처럼 어느 시점에서 확연하게 나뉘는 것이 아니다. 언어의 분열 과정은 작은 방언에서 시작하여 방언간의 차이가 점점 커지면서 서로 다른 언어로 생각될 정도로 진행하게 된다는 것이다. 이것은 장기간에 걸쳐 점진적으로 일어나므로 그 중간 단계라는 것은 자의적으로 결정할 수밖에 없다고 한다.

더욱이 지리적으로 인접해 있으면 언어의 접촉에 의하여 방언 간에서, 그리고 언어 간에서도 서로 영향을 주고받아 변화의 양상이 일정하지 않다. 이러한 언어의 변천은 식물의 진화 과정과는 같지 않아서 이를 수형도로 표시하는 것이 절대적일 수가 없다. 따라서 분기론에 입각한 系統樹說로는 이러한 현상을 설명하기 어렵다.

2.2 이러한 슐라이허의 계통수설은 그의 제자인 슈미트에 의하여 수정된다. 슐라이허의 후계자의 하나로 알려진 슈미트(Johanes Schmidt)는 슐라이허의 계통수설이 언어의분기와 발달을 설명할 수 있지만 각 자매어들 간의, 또는 서로 다른 어족의 언어가 서로 영향을 주고받아 유사해지는 사실에 대하여는 침묵할 수밖에 없었다. 예를 들어 영어가 印歐語의 게르만어파에 속하여 독일 어와 유사한 것은 계통수설로 설명이 가능하지만 노르만 정복시대(Norman Conquest)에 프랑스어와 접촉하여 영어가 로망스어파의 여러 언어와 유사해진 것에 대하여는 아무런 해답도 주지 못한다.

슈미트는 이에 대하여 인구어의 각 語群에 어떤 특징이 독특하게 나타나서 이것이 각각의 언어에서 서로 달라지는 것에 착안하고 그것이 원래는 한 언어로부터 일어나 변화가 지역적 인접성에 따라 독특한 형태로 배분되어 있는 것을 인정하였으며 그로부터 계통수설이 주장하는 단독분열을 보완하는 波狀說(Wellentheorie)을 제안하였다.

이 제안은 인접한 언어의 영향에 의한 改新, 즉 음 변화 등의 언어 현상이 인접한 지역의 언어에게 파상적으로 전달된다는 것이다. 즉, 어떤 언어에 나타나는 개신이 언어 접촉이 있는 한에는 연못에 돌을 던졌을 때에 일어나는 파동과 같이 언어의 계통을 묻지 않고 한 방언에서 다른 방언으로, 한 언어에서 다른 언어로 일정 지역에서 퍼져나간다는 주장이다(Schmidt, 1872; Bloomfield,

1935:314~19). 그리고 이러한 개신이 오래 누적되어 다른 언어로 분기된다는 견해인데 계통수설이 언어의 기원과 발달에 중점을 두었다면 파상설은 그의 전파와 영향에 중점을 둔 것이다.11)

2.3 언어의 통합론은 전술한 바 있는 분기론이 가진 모순을 없애려고 시작된 것이다. Beckwith (2004:218)에 의하면

> 역사 비교언어학의 두 번째 기본적인 원리는 시간에 따른 언어 변화에 분기 (divergence)와 통합(convergence)이라는 주요한 두 가지 유형이 있다는 것이다. 모든 알려진 언어는 다른 언어들과 접촉해왔기 때문에 비록 다른 비율이기는 하지만 그들은 항상 통합하거나 분기하고 있다는 것이다. 통합은 외부 영향에 의한 변화를－시간상으로 하나 혹은 그 이상의 특정한 시점에서－다른 언어로부터의 자질들을 습득하면서 변화하는 것을 의미한다. 자질들은－특히 단어 혹은 자립 형태소들 같은 것들은－단일하게 혹은 세트로 습득될 수 있으며 차용 당시 기증 언어에서 갖고 있는 자질의 '기록들'이 있다는 것으로 유명하다. 그러나 차용이 일어난 후에 (그리고 차용한 언어가 외래어를 자신들의 음운론적인 혹은 문법적인 체계에 맞추기 위하여 첫 번째로 많거나 적거나 어느 정도로 수정한 다음에), 차용된 항목은 수용체 언어의 통시적 분화 패턴에 맞추어 변한다. 분기는 통시적인 내부 발달로 인한 변화가－음운의 변화, 대체, 개신, 어휘적 변화 등등이－시간의 흐름에 따라 일어나는 것을 의미한다."(Beckwith, 2004, 정광 역, 2006:391)

라고 하여 통합에 의한 언어 변화가 분기론으로 설명할 수 없는 변화형을 이해할 수 있게 한다는 것이다.

이러한 통합설은 자연히 지리적 인접성에 의한 언어 변화의 緩急을 논의하게 된다. 즉, 슈하르트(Hugo Shuchart, 1842~1927)나 포슬러(Karl Vossler, 1872~1949) 등은 언어의 지리적 분포와 그 상호 접촉에 대하여 관심을 가졌다. 이들에 의하여 언어지리학이란 분야가 생겨나기도 하였다. 언어지리학은 19세기말부터 20세기 초에 걸쳐 방언 연구에 영향을 주었고 방언지도의 작성이 유행하였다.

---

11) 같은 발상으로 방사선(Rayonnement) 등의 이론이 있으나 여기서는 이런 방법론의 문제를 논의하고자 하는 것이 아니기 때문에 생략한다.

소장문법학자에 속했던 부룩만(K. Brugmann)은 인구어에서 연구개음 /k/
의 구개음화 현상에 의거하여 인구어를 Centum어계와 Satem어계로 양분하였
다. 즉 라틴어에서 '百'을 나타내는 'centum'은 희랍어에서 'hekaton', 고드어
(Gothic)에서 'hund'로 나타나는데 이들이 주로 서쪽에 있는 언어들이어서 이들
을 '서인구어(West Indo-European languages)'라고 하였다. 같은 뜻의 '百'을
나타내는 아베스타어(Avestan language)의 'satem'은 산스크리트어에서 'satam',
고대교회 슬라브어에서 'sŭto'로 나타나며 이들을 '동인구어(East Indo-European
languages)'라고 보았다.

그러나 20세기에 들어와서 발견된 히타이트(Hittite)어와12) 토카라어(Tocharian
lang.)는 동부에서 발견되었으나 Centum계의 특성을 갖고 있어 문제가 되었다
(Meillet, 1922:55~57). 히타이트어와 중국령 타림 분지의 투르케스탄(Turkestan)
에서 발견된 고문서의 언어인 토카라어가 아마도 모두 연구개음 /k/의 구개음화가
일어나기 이전에 소멸된 언어로 볼 수 있을 것 같다고 이해한다.13)

이러한 현상은 지리적으로 인접한 언어들이 유사한 언어의 개신을 전파에
의하여 영향되고 있음을 말한다. 통합론은 이러한 언어의 상호 영향에 의거하
여 두 언어가 유사해지는 현상을 말한다. 통합적 관계라고 할 수 있는 이 언어
들은 기본적으로 차용 관계이며 여기서 가장 중요한 것은 얼마만큼 차용이
이루어졌는가 하는 문제다.14)

19세기 최대의 언어이론가이며 일반언어학을 창시하였다고 보는 훔볼트
(Wilhelm von Humboldt, 1767~1835)는 앞서 말한 근대언어학의 세 창시자들
과는 달리 非印歐語에 대한 연구를 시도했었다. 1820년 6월 29일 베를린 과학아
카데미에서 행한 그의 강연과15) 그가 죽은 뒤에 출판된 『자바섬의 카비어에

---

12) Hittite어는 터키의 Bogäzköy에서 고고학자들이 발굴한 고대 히타이트 왕국의 고문서에
쓰인 언어로서 1915년에 B. Hrozný에 의해서 해독되었다(Meillet, 1922:57). 기원전 1000
~1500 경에 존재한 히타이트 왕국의 공용어이었던 이 언어는 인구어의 분류에서 아나
톨리아 어군(Anatolian group)에 속한다.

13) 토카라어(Tocharian lang.)는 기원 후 500년에서 1,000년 사이에 존재했던 고대 언어로
알려졌다(Meillet, 1922:57).

14) Since a convergent relationship is essentially a loan relationship, the fundamental
problem is to clearly determine the point at which a language has borrowed enough
that it becomes any language family(Beckwith, 2004:189).

대하여』(*Über die Kawi-Sprache auf der Insel Java*, Berlin, 1836~1839)에서 9세기경의 문헌 자료를 갖고 있는 자바의 Kawi어에 대하여 고찰하고 인류 언어의 다양성에 대하여 논하였다.16)

그는 언어의 역사적 연구만을 고집하는 역사비교언어학의 연구 방법에서 벗어나서 새로운 언어 연구 방법을 찾으려고 시도하였다. 즉, 그는 칸트 철학의 방법을 응용하여 어느 주어진 시점의 여러 개별언어로부터 수집한 언어자료로부터 언어의 본질을 밝히려는 언어학의 새로운 방향을 제시하였다. 이러한 언어의 공시적 연구는 언어의 역사와 관계없이 언어학의 여러 층위에서 유사한 언어들을 한데 묶는 언어연대(Sprachbund)를 主唱하게 되며 언어의 統合說은 이러한 훔볼트의 방법과 관계를 맺는다.

통합설의 인기는 최근 몇 세기에 그렇게 확고히 정립되었던 인도-유럽어족의 개념까지 무산시킬 정도로 높아졌다. 그들은 단순히 언어의 분기론만이 아니라 계통적 친족관계의 系統樹說(Stammbaumtheorie)까지 반대한다. 그들은 인도-유럽어족설과 셈어족설, 그리고 유사한 다른 이론들도 통합설에 의하여 설명될 수 있음을 주장하면서 分岐論은 가치가 없다고 주장한다. 굴절적인 패러다임들과 여러 종류의 보충형태들을 포함하여 인구어족과 셈어족의 언어들이 공유하고 있는 복잡한 형태론을 분기론으로서는 어떻게 설명할 수도 없었고 설명하지도 않았다. 이러한 형태들이 차용된 예로써 인정된 것은 매우 드물지만 그것이 어디에서 온 것인지는 언제나 분명히 알 수 있었다.

인도-유럽어족과 다른 분기론에 입각한 논문들은 이 학설로는 설명할 수 없는 다음 사실들, 즉 인도어파에서의 권설음과 유기 유성 정지음들, 다른 인도-유럽어족의 언어에서 발견되지 않는 게르만어파의 어휘들(같은 문제가 그리스어나 다른 인도-유럽어족의 언어들에도 공통적으로 존재한다), 그리고 로망스어파의 언어들에서 보이는 음운론적 분화들과 같은 의문에 대하여 설명하지 못하였다.

---

15) 당시 그 강연의 제목은 "Über die Verschiedenheit des menschlichen Sprachbaues und ihren Einfluss auf die geistige Entwickelung des Menschen geschlechts − 인간 언어의 구조적 다양성과 그것이 인류의 지적 발달에 끼친 영향에 대하여 −"이었다.

16) Kawi어는 Leroic poem의 'Brata Yuddha'에 쓰인 언어를 말함.

이렇게 분기설로 설명하기 어려운 쟁점들은 주로 기층이론(substratum theory)으로 처리하였다. 이 이론은 전쟁 등에 의하여 한 민족이 다른 민족에게 정복되어 정복자의 언어를 받아드려 언어의 置換이 있었을 때에 상층부(superstratum)의 언어인 정복자의 언어는 기층부(substratum)의 언어에 영향을 받는다는 이론이다(Meillet, 1922, 참고 쪽수는 1966:25).

라틴어는 이 언어의 발생지인 라티움(Latium)을 비롯하여 이태리 전역에서 사용되던 에트루스크語(Etruscan)를 기층어로 갖고 있으며 골語(Gaul), 일루리아語(Illyrian), 고대 희랍어에서 많은 차용어를 들여왔다. 그러나 俗 라틴어(Latin Vulgari)에서는 이미 이들이 라틴어화 해서 외래적인 요소가 없어졌고 이로부터 로망스제어의 分岐가 이루어졌다.

현대의 언어변화에 대한 연구들을 보면 어떤 경우에 기층의 언어가 상층부의 언어에 대하여 강력한 힘을 행사할 수 있다는 사실이 많이 밝혀지고 있다. 대륙에 준하는 인도에서 현재 모국어로 사용되는 영어 방언은 고대 인도어의 특징들, 특히 권설 정지음들을 포함해서 눈에 띄는 음운론적 특징들이 나타난다.

이런 종류의 일이 식민지 권력에 의해 전파된 아시아나 아프리카처럼 人口數가 많은 나라들에서 사용되던 프랑스어나 다른 언어들에서도 일어났다. 북아메리카에서는 그와 반대로, 영국 식민지 개척자들이 아메리카 인디언의 언어를 말하는 원래 원주민들을 통 채로 쫓아냈거나 소외시켰으므로 실제로는 미국영어 형성에 있어서 底層 언어로부터의 영향은 전혀 없었다.

오늘날에 관찰되는 언어변화의 과정이 로마의 고대 갈리아 정복이나, 인도-아리안의 고대인도 정복, 그리고 고대시대에 자신들의 고향에서 게르만의 정착 등의 상황에 유추해서 확장될 수 있으므로 系統樹說을 단순화시킨 버전으로도 설명되지 않은 언어 변화들은 저층(substratum) 이론으로 설명할 수 있었다.

모든 언어가 공통조어로부터 分岐(split)된 것이 아니고 어떤 언어들은 상호 영향에 의하여 하나의 언어연합을 이룬다는 생각이 공시적인 언어연구를 주창한 프라그학파의 트루베츠코이(N. S. Trubetzkoy)에 의해서 제기되었다(Trubetzkoy, 1936). 그는 '語族' 대신에 원래 친족관계가 없는 언어들이 서로 교섭에 의하여 음운, 어휘, 문법상에서 공통된 특징을 갖는 언어들을 言語連帶(Sprachbund)라고

하였는데 이 주장은 이태리의 피사니(Pisani, 1966)에 의하여 지지되었다.[17]

트루베츠코이는 그동안 인구어의 조어라고 재구한 것은 실제로는 산스크리트어의 祖上語이고 다른 민족들이 이 언어를 채용함으로써 언어연대를 이루게된 것이라고 보았다. 따라서 하나의 언어연대인 인구어에는 공통으로 존재하는 특질이 있고 상호 영향에 의하여 어느 시기에 이러한 공통특질은 모두 갖추면 그것이 바로 인구어가 된다는 생각이다.

Trubetzkoy(1936)에서 인구어의 공통특질로 들은 것은 다음과 같은 6개 항목이다.

① 母音調和가 없다.
② 語頭의 자음조직이 語中·語末에 비하여 빈약하지 않다.
③ 단어는 語根으로 시작되지 않는다.
④ 형태형성이 접사뿐 아니라 어간 내부의 모음 교체에 의하여 행해진다.
⑤ 모음과 자음의 교체도 형태론적 구실을 한다.
⑥ 타동사의 主語도 자동사의 주어와 같은 대접을 받는다. Trubetzkoy(1936)[18]

이러한 트르베츠코이의 인구어 공통 特質論은 많은 비판을 받았다. 우선은 이러한 공통특질을 모두 갖춘 아메리카 인디언의 언어 타켈마語(Takelma, 미국 Oregon주의 남서부에 산재함)가 있는데 이 언어는 인구어와 아무런 연관이 없었다.

또 하나는 어느 한 시기의 특질로 언어를 계통적으로 분류하는 것은 무리라고 보는 것이다. 즉, 공시적 연구와 통시적 연구는 분명히 구별되어야 하며 언어의 계통적 분류는 통시적 연구의 결과이어야 한다는 점이다. 예를 들어 현대 영어는 고대 영어에 비하여 공통특질이 달라질 수도 있다는 것이다. 따라서 오늘날 남아 있는 언어의 공통특질은 공통 기원에서 비롯된 결과일 수도

---

17) 言語連帶(Sprachbund)는 'language area'(언어지역)으로 번역되기도 한다. 통합설을 주장하는 학자들은 일정 지역에 상호 영향에 의하여 유사해진 언어들의 관계를 통합적 관계(convergent relationship)라고 부른다. 오늘날 유명한 언어연대로는 발칸 언어연대(Balkan Sprachbund), 이슬람 언어연대(Islamic Sprachbund) 등이 있다.
18) 트루베츠코이의 이 공통특질은 카스트렌의 알타이어(실은 우랄-알타이) 공통특질에 많은 영향을 주었다(정광, 2011:239).

있고 일부 몇몇 언어가 독자적으로, 그러나 공통된 방향으로 발전한 결과일 수도 있기 때문이다(Jakobson, 1962).

언어의 통시적 특징 가운데 아주 초기에 주목된 언어의 통시적 특색의 하나는 한 언어의 모든 자질이 외적인, 아니면 내적인 교체를 동일한 조건으로 하는 것이 아니라는 것이다. 기능적이며 비구속적인 문법 형태소를 포함하여 문법적, 혹은 구조적인 형태론적 요소들은 그보다 가벼운 기능적 부담을 갖는 요소들보다 통합에 의한 외적 교체(즉, 차용)에 대하여 훨씬 더 저항한다고 한다. 기능적 부담은 크고 반면에 의미의 부담은 작은 어휘소들은 코퍼스들에서 출현의 빈도수가 가장 높으며 현재까지의 연구들에 의하면 가장 높은 빈도수의 항목들이 통합에 의한 변화에 둔감하다고 한다.

서로 연관이 있는 언어들은 공유된 자질들의 세트를 보존하여 유표적인데 자질들의 세트라는 것은 문법적 어형변화와 같은 형태 음운론적 자질뿐만이 아니라 어휘목록의 상당한 부분도 여기에 포함된다. 즉, 형태소에서 변별적인 것들은 모든 언어에서 발견되며 어휘목록의 하위 세트는 한 언어나 혹은 한 방언을 다른 언어나 방언들과 구별하는 주요한 특질가운데 하나가 된다. 따라서 각각의 어족은 그들 자신만의 특별한 어휘세트를 보조하여 다른 어족들과 구분된다.

서로 관련이 있는 언어들은 그러한 특별한 어휘목록의 세트에 의해 어느 어족에 속하는 지 쉽게 알 수 있다. 20세기 초에 토카라(Tochara) 언어들이 발견되었을 때 비록 그 언어들이 전에는 알려지지 않았던 어족의 어파에 속했었다는 사실에도 불구하고 그 언어들이 인도-유럽어에 속하며 서로 깊은 연관이 있다는 것을 쉽게 알 수 있었다. 이러한 일은 에블라 명판(Ebla tablets)들이[19] 발견되었을 때도 마찬가지였으며 이 점토판의 언어는 분명히 셈 언어로 판정이 났던 것이다.

---

19) 에블라 명판은 시리아의 고대도시 에블라(Ebla)에서 발굴된 고대 이집트의 점토판으로 이태리의 고고학자인 Paolo Matthiae와 그의 발굴 팀이 1974~5년에 찾아낸 1800개의 점토판과 4700개의 조각들을 말한다.

2.4 알타이제어의 초기 연구에서는 분기론이 중심이 되어 연구되었다. 동북아시아의 교착적인 문법 구조를 가진 여러 언어를 한데 묶어 하나의 어족으로 보려는 노력은 18세기 전반에까지 거슬러 올라간다. Poppe(1965)에 의하면 1709년 러시아와의 폴타와(Poltawa) 전투에서 포로가 되어 시베리아에 억류되었다가 1722년에 귀환한 스웨덴의 군인으로서 장교였던 슈트라렌베르히(Philip Johann von Strahlenberg)가 그의 저서 『유럽과 아시아의 북동 지역』[20]이란 책에서 유라시아 대륙의 동·서에 사용되는 비인구어들을 ① Uighurs (Finno-ugric, Baraba, Tatar and Hun), ② Turco-Tatar, ③ Samoyeds, ④ Mongols and Manchu, ⑤ Tungus, ⑥ 흑해와 카스피해 사이에 사는 종족들의 언어로 나누고 이들을 함께 묶어 타타르제어(the Tatars languages)라고 하였다(Poppe, 1965:125).

이후 앞에서 소개한 라스크의 스키타이어족(the Scythian languages), 뮐러의 튜란어족(the Turanian languages) 등의 가설이 있었으며(Rask, 1834, Müller, 1855) 20세기에 들어와서 카스트렌의 알타이어족설로 발전하였다. 카스트렌(M. A. Castrén, 1813~1852)은 유라시아 대륙의 북방에 산재한 언어들이 상세한 연구가 이루어지지 않은 채 같은 계통으로 분류하는 태도에 불만을 갖고 당시 유행하던 비교언어학적 연구방법을 이 언어들에게도 적용할 것을 주장하였다(정광, 2011:236).

2.4.1 카스트렌은 교착적 문법 구조만으로 계통 관계를 증명하기는 어렵다고 보고 형태소의 동질성(identity of morphemes)이 언어 분류의 기준이 되어야 한다고 주장하면서 인칭어미의 동질성에 의하여 상기 튜란어족의 여러 언어 가운데 오직 Finno-ugric, Samoyed, Turk, Mongol, Manchu, Tungus 제어만을 하나의 어족으로 분리하여 '알타이제어(Altaic languages)'라고 하였다.[21]

---

20) 원명은 *Das Nordund östliche Theil von Europa und Asia, insoweit das gantze Russische Reich mit Siberien und grossen Tatarei in sich begreiffet, etc.*, Stockholm, 1730. 권미에 Tabula Polyglotta(博言表)를 붙였다(정광, 2011:234).

21) 카스트렌 자신은 알타이제어(실은 우랄-알타이제어)가 인구어족에서 발견되는 유사성이 없다고 기술하면서 알타이제어에서 발견되는 유사성이 과연 이 언어들을 하나의 어족으로 묶을 수 있을지는 후일의 연구를 기다린다고 하여 매우 조심스런 태도를 보였다.

카스트렌은 비록 형태소의 동질성을 어족 분류의 기준으로 삼았지만 당시
유행하던 공통 특질론에 이끌리어 우랄-알타이어족의 공통특질로 다음 6개
항을 제시하였다.

    ① 모음조화가 있다.
    ② 어두 자음조직에 제약을 받는다.
    ③ 膠着性을 보여준다.
    ④ 모음 교체 및 자음 교체가 없다.
    ⑤ 관계대명사 및 접속사가 없다.
    ⑥ 부동사가 있다.[22]

이 공통특질은 말할 것도 없이 앞에서 언급한 트루베츠코이의 인구어 공통
특질과 대비되는 것으로 비인구어족의 특질이라고 보는 것이 온당하다. 이러
한 특질을 具有한 유라시아 북방부의 언어들이 알타이제어라는 것이었는데
이것이 후일 우랄-알타이어족설로 알려졌으며 한 때 한국어가 이 어족에 속한
다는 주장이 일반화되었다. 그러나 우랄어족의 가설이 증명되면서 한국어와
일본어를 포함한 알타이어족의 가설이 현대 역사비교언어학자들 사이에 중요
한 쟁점이 되고 있다.

2.4.2 알타이어족에 대한 초기의 연구, 예를 들면 러시아와 구소련의 알타이
어 연구자들과 람스테트를 비롯한 핀란드 헬싱키의 역사언어학자들의 연구는
분기론에 근거한 것으로 보인다. 우리에게 가장 널리 알려진 람스테트의 알타
이제어 연구는 지금으로부터 약 4천 년 전에 만주의 興安嶺山脈 동서남북에
퉁구스語와 한국어의 선조가 살았고 북쪽에는 몽골어와 퉁구스어의 선조가,

    그러나 그의 주장은 Wilhelm Schott, Marti Räsänen, Heinrich Winkler 등에 의하여
우랄-알타이어족으로 정착되었고 20세기에 들어와서도 긍정적, 부정적, 혹은 '증명되지
않은 가설'로 학계에 통용되었다.
22) 이 공통 특징에 대하여 이기문(1961)에서는 언급되지 않고 分岐說에 입각하여 알타이공
통어(Common Altaic)로부터 국어가 분화한 것으로 기술하였다(이기문, 1961:12). 그러
나 이의 개정판인 이기문(1972:12~13)에서는 언어의 공통특질론과 함께 이 6개의 특징
을 언급하면서 이것이 국어와 알타이어에서 공통적임을 밝혔다.

서쪽에는 몽골어와 투르크어, 남쪽에는 투르크어와 한국어의 선조가 살았다고
보아 다음과 같은 도표로 그 분포를 설명하였다(Ramstedt, 1957:15~61).

[표 1] 람스테드의 알타이 공통 조어의 四語派

북			N	
몽골	통구스	Ancestors of the Mongol		Ancestors of the Manchu-Tungus
서 ─	─ 동			
		Ancestors of the Turks		Ancestors of the Koreans
투르크	한국			
남			S	Poppe(1965:144)

　알타이어족의 가설에서 분명하게 분기설의 계통수설을 주장한 것은 우라디미르
초프(1884-1931)를 비롯한 구소련의 알타이학자들이다(Vladimirčov, 1929).[23] 한
국어의 알타이어족설을 가장 먼저 주장한 폴리봐노프(1927)도[24] 한국어를 알타
이어의 분파로 보았고(정광, 2006) 그의 제자인 포페는 앞에 보인 람스테드의
계통도를 다음과 같이 수정하여 유명한 알타이어족의 계통도를 그렸다(Poppe,
1960).

---

23) 우라디미르쵸프는 그의 Vladimirčov(1929)에서 알타이 祖語로부터 몽골-투르크 공통어
　와 통구스 공통어가 분기되었고 몽골-투르크 공통어에서 몽골 공통어와 투르크 공통어
　가 분기되었으며 몽골 공통어로부터 고대, 중세, 현대 몽골어가 각기 발달한 것이라는
　계통수도를 그렸다. 아마도 이것이 알타이어족의 계통수로서는 최초의 것이 아닌가 한다.
24) 한국어가 알타이제어와 관계가 있는 것으로 본 최초의 논문은 Ramstedt(1928)보다 1년
　앞선 폴리봐노프의 "К Вопросу о Родственных Отношениях Корского и 'Алтай
　ских' Языков"[Proceedings of the Academy of Sciences of the U.S.S.R], (Series VI,
　Vol. XXI, Nos 15-17, Leningrad, 1927, 1195-1204)이며 영문으로는 "Toward the
　Question of the Kinship Relation of Korean and 'Altaic' Languages."으로 번역된다.

[표 2] 포페의 수정 알타이 계통도

Alatic unity

Chuvash-Turkic-Mongol-Manchu-Tungus unity ／ Proto-Korean

Chuvash-Turkic unity ／ Mongolian-Manch-Tungus unity

Proto-Turkic ／ Proto-Chuvash ／ Common Mongolian ／ Common Manchu-Tungus

Turkic languages ／ Chuvash languages ／ Mongolian languages ／ Manchu-Tungus languages ／ Korean languages[25]

[표 2]의 포페의 알타이제어 계통수도는 후대의 알타이어학자들에게 많은 영향을 주어서 수많은 알타이어족의 계통수가 그려졌다. 가장 최근에 그려진 계통수로서 비록 알타이어족설을 부정하지만 한국어에 관한 것을 소개하면 다음과 같다.

먼저 이기문(1961)에서는 상술한 Poppe(1960)의 계통수도를 받아드려 한국어에 관한 부분을 정리하였는데 [표3] 이것이 Poppe(1965)에서 수용되어 [표4]와 같이 정리되었다.

[표 3] 이기문(1961:18) 계통도   [표 4] Poppe(1965:138) 수정 계통도

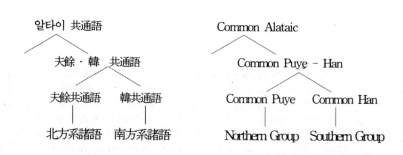

알타이 共通語

夫餘 · 韓 共通語

夫餘共通語 ／ 韓共通語

北方系諸語 ／ 南方系諸語

Common Alataic

Common Puye - Han

Common Puye ／ Common Han

Northern Group ／ Southern Group

---

25) Poppe(1965:147)에서 옮김.

이러한 두 알타이 학자의 주장은 오래도록 한국어 계통연구에서 정설로 인정되어 오늘날에 이르기까지 널리 인정되고 있다. 그러나 1980년대부터 위의 알타이계통수도에 의문을 갖거나 이의를 제기하는 연구자들이 생겨났다. 이러한 주장은 점점 세력을 얻어 수많은 가설이 제기되었다. 그 가운데 하나의 예를 벡위드(C. I. Beckwith)에서 찾을 수 있다.

2.4.3 Beckwith(2004:28)에서 일본-한국어 어족의 가설을 주장한 벡위드는 원시 일본-고구려어가 있었고 이것이 일본-고구려어 공통어로 발전하여 그로부터 원시 일본-유구어와 부여-고구려어가 분기된 것으로 보았다. 그리고 부여-고구려 공통어로부터 부여어, 예맥어, 고구려어, 부여-백제어가 분기한 것이라고 주장하면서 계동도를 작성하였다.

그의 계통도가 얼마만큼 합리적이고 설득력이 있는 것인지에 대하여 여기서 논의할 생각은 없다. 다만 벡위드 자신은 철저하게 분기론보다 통합설을 신봉하면서도 이러한 계통수도를 그린 것을 보면 알타이제어의 연구에서 분기론과 계통수도가 얼마나 뿌리 깊은 방법이었는가를 말한다. Vovin(2005)에서 부분적으로 알타이어족설을 부정하는 연구가 본격적으로 논의되고 급기야 Vovin(2010)에서는 '고구려-일본어족'의 가설이 제기되었다. 일본어의 기원에 대한 연구에서 역사적으로 긴밀한 관계에 있던 고구려어와 일본어의 공통조어를 가정한 학설이다.

분기론에 비하여 통합설은 알타이어족의 가설을 부정하는 연구에서 많이 논의되었다. 알타이어족의 가설을 증명하기 위하여 비교에 동원된 어휘들이 클라우손(Clauson, 1969)에 의해서 지적된 것처럼 차용어들이었고 더욱이 어휘에 존재하는 규칙적인 대응들은 대부분 외래어에서 나타난 것이다(Doerfer, 1963; Rona-Tas, 1971; Clark, 1977; Rozycki, 1994). 따라서 알타이제어를 하나의 어족으로 증명할 수 있는 과학적인 정당성은 아직 정립되지 않았다고 본 것이다(Beckwith, 2004:186~7; Vovin, 2005).

2.4.4 최근에는 알타이어 어족의 가설 대신에 '트랜스유라시아'라는 새로운 명칭이 제기되었다. 여러 가지 중요한 언어학적 특징들을 공유하면서 지리적

으로 인접해 있는 일본어, 한국어, 퉁구스어, 몽골어, 그리고 튜르크어 어족을 Johanson & Robbeets(2009:1~2)에서 트랜스유라시아(Transeurasian) 유형 (type)의 언어로 분류하였다. 그리고 Robbeets(2015)에서 한국어와 트랜스유 라시아 유형의 특징을 제시하고 이 언어들이 지리적 인접성에 의하여 상호 영향에 의하여 알타이 어족으로 묶이게 된 여러 특징들을 공유하게 된 것이라 고 주장하였다.

Robbeets(2015)에서는 한국어를 트랜스유라시아 언어들과 17가지 특질의 지리적 분포를 비교하고 트랜스유라시아 유형의 지역적인 경계를 설정하여 고찰한 결과 이 언어들에 대한 지역성(areality)을 인정할 수 있으며 비-트랜스 유라시아 언어들과 구분되는 것을 강조하였다. 다만 이러한 특질들이 아마도 선대로부터 계승(inherited)된 것도 있을 것임을 강조하며 어족의 가능성을 시 사하였다.

이러한 주장들은 트랜스유라시아 어족을 의미할 수도 있으나 통합설의 견 지에서 보면 어족이란 의미는 중요한 것이 아니고 여러 언어가 하나의 언어로 통합되었을 때에 일어나는 특징들로 정리할 것이다. 종래 역사언어학에서 중 요한 이론으로 대두한 언어의 어족설은 점차 퇴색하고 공시적인 현대 언어학 의 연구 결과로 볼 수밖에 없다.

3. 고대 한국어의 형성

3.0 앞에서 한국어의 알타이어족설이 Polivanov(1927)와 Ramstedt(1928)에 서 조심스럽게 제안되었으며 Ramstedt(1957)에서 한국어가 Altai어족설에서 이 어족의 공통 조어를 구성하는 四語派의 하나로 등장하였음을 살펴보았다. 실제로 Poppe(1950)[26)에서는 람스테트가 제시한 비교의 예 가운데 몇 가지 오류를 지적하고 그의 알타이어 계통도를 수정하였다.

Poppe(1960)에서는 한국어의 어휘 82개를 비교하여 국어의 알타이어족설을

---

26) 이 논문은 람스테트의 역작 『한국어 어원연구』(Ramstedt:1949)에 대한 서평이었다.

좀 더 정밀화 시켰다. 이러한 포페의 학설은 1950년대부터 1980년대를 잇는 엄격한 냉전의 각축 속에서 서방 세계의 가장 신빙성 있는 학설로서 부동의 위치를 지켜왔다. 그의 연구는 1960년대 김방한·이기문·김완진 등 국내학자의 지지와 수용으로 한국어가 알타이어족에 속한다는 학설은 우리 학계에서도 일반화되었음을 앞에서 고찰하였다.

한편 1960년대부터 남한에서는 선사시대에 한반도에 거주했던 우리의 선조에 대하여 괄목할 考古人類學的 연구가 시작되었다. 漢江 유역과 洛東江 유역의 先史遺蹟地가 발굴되었으며 그에 대한 연구가 이루어지면서 우리 민족의 기원에 대한 새로운 사실이 드러나고 있음을 전술하였다. 이러한 고고인류학적인 연구 성과는 한반도에 알타이족과는 다른 선주민이 존재했을 가능성이 점차 학계에서 인정되었으며 그에 따라 한국어와 알타이제어 이외의 언어와의 계통적 관계가 거론되고 있다.

3.1 앞에서 김방한(1983)에서는 한국어의 알타이어족설에 이의를 제기하고 한국어가 어쩌면 古아시아族(Palaeo-Asiatics), 또는 古시베리아族(Palaeo-Siberians)의 언어와 계통적으로 관계를 맺고 있지 않을까 하는 가설을 조심스럽게 제의하였다고 하였다. 최근 Vovin(2015)에서 유형론적으로 한국어는 예니세이어족에서 떨어져 나온 원시시베리아 언어로 보았다. 제목부터 'Korean as a Paleo-siberian Language'이었던 이 논문에서 역사를 의식하지 않는 유형론에서는 한국어를 원시시베리아어로 본다는 것이다.

역사 이전의 시대에 알타이 공통조어, 또는 고아시아어로부터 분화된 한국어는 어떻게 발전하였을까? 이기문(1961:14~15)에서는 알타이조어에서 분화된 한국어가 서력기원 전후에는 적어도 北方群(=夫餘系)과 南方群(=韓系)의 兩群으로 갈려져 있었으며 또 이 양군은 복잡하게 재분화된 것으로 보았다. 북방군의 언어들은 만주와 한반도의 북반부에 분포되었고 夫餘語, 高句麗語, 沃沮語, 濊語 등이 이에 속하였을 것이라고 추정하였다. 그리고 남방군의 언어들은 한반도의 남반부에 분포되었으며 많은 소부족의 국가들을 이루고 있던 한족들의 언어, 즉 三韓(馬韓, 辰韓, 弁韓)의 언어들이 이에 속한다고 하였다.

이와 같은 견해는 주로 중국의 고대 史書의 기사에 의거한 것이다. 즉, 이기문(1972)에서는 『三國志』「魏志 東夷傳」 '高句麗' 조의 고구려에 대하여 "東夷舊語, 以爲夫餘別種, 言語諸事 多大餘同, 其性氣衣服有異 — 동쪽 오랑캐의 옛 말이다. 부여의 별종으로써 언어와 모든 일이 부여와 많이 같으나 그 성격과 기질, 그리고 의복은 달랐다"라는 기사와 같은 책 '東沃沮' 조에 "其言語, 與句麗大同, 時時小異 — 그 언어는 고구려와 더불어 대체로 같으며 때때로 조금 다르다"라는 기사, 그리고 '濊' 조에 "其耆老舊自謂, 與句麗同種 [中略] 言語法俗, 大抵與句麗同, 衣服有異 — 그 노인들이 옛날부터 스스로 말하기를 고구려와 같은 종족이라고 하다. [중략] 언어와 법속이 대체로 고구려와 같고 의복에 다름이 있다"라는 기사를 들어 부여, 고구려, 옥저, 예의 언어들은 서로 같은 계통의 언어들로서 북방군의 부여계에 속하는 것으로 보았다.

그리고 부여와 인접한 肅愼族의 언어에 대하여는 역시 『삼국지』「위지 동이전」의 '挹婁'조에 "其人形似夫餘, 言語不與夫餘句麗同 — 그 사람의 모습은 부여와 비슷하나 언어는 부여와 더불어 같지 않다"라고 하여 읍루의 언어가 부여어나 고구려어와 구별된다고 하였다. 이 사실은 현전하는 부여계 언어의 단편적인 자료, 주로 고구려어의 片鱗에서 얻은 어휘들과 현대 퉁구스제어로부터 재구된 원시 퉁구스어와의 비교에서도 확인될 수 있다. '挹婁'는 고대 肅愼족의 후예로서 후대에 '勿吉', '靺鞨'이라고 불리기도 하였다.

남방군의 언어에 대하여는 『삼국지』「위지」 '동이전'에 보이는 三韓의 기술 가운데 辰韓과 弁韓, 그리고 馬韓의 언어에 대한 기사가 비록 혼선을 보이기는 하지만 대체로 진한과 변한의 언어는 서로 유사하고 마한의 언어는 이들과는 상당한 차이를 보이는 것으로 이해되었다. 그러나 이것은 이들 언어의 유사와 차이 가운데 어느 쪽에 비중을 두었느냐에 따른 것으로 보인다.

한반도의 남반부에 거주했던 韓族 사회는 후에 百濟와 加耶, 新羅로 삼분되었다. 대체로 마한 지역은 백제가, 변한 지역은 가야가, 그리고 진한 지역은 신라가 차지한 것으로 알려졌다. 이 가운데 가야의 언어는 동 시대의 신라어와의 차이가 보이는 언어로서 가야의 지명은 고구려의 지명에서 발견되는 요소가 있어서 가야어가 오히려 부여계의 언어일 가능성이 있다는 의견이 제기되었다(이기문, 1972:31~32). 그러나 이에 대하여는 앞으로 더 많은 자료의 발굴과 그에 수반하는 연구가 있어야 하겠다.

다음으로 문제가 되는 것은 韓系의 언어 가운데 주로 마한의 언어를 근간으로 하여 형성된 백제의 언어다. 전술한 바와 같이 백제는 고구려의 유민을 수합하여 세력을 길러 마한의 땅에 나라를 건국하였다. 이러한 백제의 언어에 대하여 『梁書』「百濟傳」에는 "言語服章, 略與高句麗同 — 백제는 언어와 복장이 대략 고구려와 같다"이라 하였고 『周書』「異域傳」 '百濟'조에는 "王姓夫餘氏, 號於羅瑕, 民呼爲鞬吉支, 夏言並王也 — 왕의 성은 부여씨이며 '어라하(*eraha)'라고 호칭하였다. 백성들은 '건길지(*kenkilci)'라고 하였는데 중국어로는 모두 왕을 말한다"라는 기록이 있어 부여계인 고구려의 유민들은 백제의 지배족으로서 이들의 언어와 백성의 언어가 달랐음을 알 수 있다.27)

이러한 연구는 지금부터 약 2천년 전에 만주 남부와 한반도에는 부여어, 고구려어, 옥저어, 예어 등 북방군의 언어가 있었고 마한, 변한, 진한 등 삼한의 언어와 이로부터 발달한 신라어, 가야어 등 남방군의 언어가 있었다는 것으로 의견을 모을 수 있다. 그리고 남방군의 언어 가운데 변한의 언어나 변한 지역에서 흥기한 가야의 언어는 북방군의 부여계 언어일 수도 있다는 가정도 제기되었다. 그리고 백제의 언어에 대하여는 초기에 지배족의 언어가 부여계이었고 피지배족의 언어는 마한의 언어이었던 것이 후일 후자로 통합된 것으로 보았다.

3.2 역사 이후로부터 고려의 건국에 이르기까지 한반도에서 사용된 언어들 가운데 신라어를 고대 한국어로 보는 것이 일반적이다. 역사 이후 삼국시대에

---

27) 김방한(1980:29~30)에서는 이와 같은 『周書』의 기사에 대하여 "『주서』 이역전의 백제 조에서 인용한 이 구절은 부여, 고구려계의 언어와 한계 언어의 상이함을 단적으로 말해주는 것으로 자주 인용되는 구절이다. [중략] 於羅瑕(eraha)가 이른바 고구려어라는 증거가 없다. 또한 지배계급의 궁중용어가 일반 민중의 용어와 큰 차이가 있는 것은 주지의 사실이다. [하략]"이라 하고 이 예로써 백제어가 고구려어와 한계어의 이중 구조를 가졌다는 주장에 이의를 제기하였다. 김수경(1989)에서도 이 기사에 대하여 "백제의 언어는 그 지배족의 언어이건 피지배족의 언어이건 모두 기본에 있어 마한어였다고 보아야 하며 그 마한어는 『량서』의 기록 그대로 고구려어와 대체로 같았다고 리해하면 될 것이다. [중략] 겨우 '於羅瑕', '鞬吉支' 한쌍의 어휘를 가지고 지배족의 언어와 피지배족의 언어가 서로 달랐으며 따라서 고구려의 언어와 백제의 언어가 달랐다고 하는 주장의 론리로 삼으려는것은 심한 론리의 비약이 아니면 언어학의 초보적 원리에 대한 몰리해에서부터 오는것이라고 말해야 할것이다"(띄어쓰기, 철자법은 원문대로)라고 하여 『주서』 「이역전」의 기사를 통하여 백제어가 이중 구조를 가졌다는 의견에 반대하였다.

는 북방군인 고구려어와 남방군인 백제어, 신라어가 한반도에서 鼎立되어 사용되다가 후에 신라어에 통합되었다. 그러나 통일 신라 이후에도 한반도에서는 고구려어와 백제어가 여전히 독자적으로 사용되었으며 고려의 건국으로 새로운 공용어가 정립될 때까지 상당 기간 동안 한반도의 언어 상황은 복잡한 양상을 보였다고 생각된다. 따라서 중세 한국어가 비록 신라어를 기간으로 하여 성립되었다고 하더라도 고구려어와 백제어의 영향을 많이 받았음은 추측하기 어렵지 않다.28)

한국어의 역사를 살피는 연구에서 삼국시대 이전의 언어에 대하여는 몇 개의 단편적인 자료밖에 없어서 이를 통하여 그 언어를 살펴본다는 것은 거의 불가능한 일이다. 그러므로 고대 문헌 자료로부터 얼마간의 片鱗을 주워 모아어느 정도 언어의 윤곽이나마 살필 수 있는 것은 고구려, 백제, 신라 등 삼국시대의 언어라고 할 수 있다. 삼국시대의 언어 가운데 먼저 고구려어에 대하여 살펴보기로 한다.

3.2.1 현재 고구려어로 추정되어 신라어나 다른 주변 언어와 비교된 것은 주로 『三國史記』(권35) 「雜志」(第4) '地理'(2)와 동(권37), 「雜志」(第6) '地理'(4) 에 실린 80여개의 어휘뿐이다. 이 자료에는 고구려 영토 내의 지명에 대하여 한자의 음독자로 표기된 고구려 본래의 이름과 후대에 이를 漢語식으로 개칭한 한자 지명을 병기하였다. 이러한 지명의 표기에서 고구려어로 된 본래의 명칭을 한자로 번역하여 二字로 된 한자의 지명으로 교체하는 형식을 취하였다. 이러한 번역에서 한자로 표기된 어떤 의미에 대하여 대응되는 고구려어를 추출할 수 있게 된 것이다.

이렇게 추출된 어휘들은 일제 식민지 시대에 일본인학자들에 의하여 단편적으로 논의된 바가 있고 이기문(1967, 1968)에서 전체적인 특징이 밝혀졌으며 박병채(1968)에서도 비슷한 수효의 고구려 어휘가 논의되었다. 북한에서는 홍

---

28) 고대영어(Ancient English)는 영어의 역사에서 5세기 중반 겔만 민족이 브리튼섬에 들어온 이래 영국에서 시작된 앵글로-색슨족의 언어만을 가리키지만 이 시대에 영국에서는 앵글로-색슨족과 함께 들어 온 쥬트족의 언어와 당시 원주민의 언어였던 켈트어까지 사용되었다. 따라서 고대 영어시대에 브리튼 섬에서는 앵글로-색슨족의 언어 이외에도 몇 개의 다른 언어가 사용되었으며 한반도에서도 고대 한국어 시대에 거의 같은 사정이었다.

기문(1963)과 김병제(1961)에서 고구려어에 대한 연구가 있었다. 류렬(1983)에서 이두 표기자료에서 얻은 150여개의 고구려어 낱말을 소개하였으며29) 실제로 이두로 표기된 264개의 지명, 인명, 관직명의 고구려어를 해독하였다. 그리고 Beckwith(2004)와 정광(2011)에서 본격적인 역사비교언어학적 방법으로 고구려어와 주변 언어와의 비교를 통하여 재구되었다.

이 가운데 신빙성이 있는 몇 개의 예만을 들어 보기로 하겠다. *표는 재구된 어휘이며 로마자로 표기된 것은 고구려어 어휘의 발음을 추정한 것이다. 한자는 주로 음독자로 표음된 글자들의 실례이고 ( )안의 한자는 이 어휘들의 뜻이다.

*mɑ/mɛ(<mai/mie)−買, 米, 彌(水, 川)
水城郡 本高句麗 買忽郡−'水城'군은 본래 고구려에서 '買忽'군이라고 했다.
水谷城縣 一云 買旦忽−'水谷'성은 한편으로는 '買旦'홀이라고 한다.
南川縣 一云 南買−'南川'현은 한편으로는 '南買'라고 한다.30)

위의 예에서 추출된 '買(*mai/mie)'는 고구려어에서 水(물)을 의미하였음을 알 수 있다. 이 예는 몽고어의 'mören(江)', 퉁구스제어의 'mu(水)', 일본어의 'mi(水)', 그리고 중세국어의 '믈(水)'과 관련이 있을 것이다. 이 때의 '買'로 표음된 고구려어가 "möi(<mör)"였다는 추정도 있다(이기문, 1967:80). '買'는 '米, 彌'와 통용되는데 예를 들면 "內乙買 一云 內尒米, 買召忽縣 一云 彌鄒忽縣"에서 '買 = 米 = 彌'의 표기가 있음을 알 수 있다. 이 외에도 '忽'로 표기된 'xul(<xuət)'이 '城'을 나타내고 '旦'으로 표음된 고구려 어휘가 '谷'을 의미함을 알 수 있다. 현대 몽고어에서는 'hot(xoɯ)'이 '도시(city)'를 말하는데 고구려어의 '忽'이 이와 대응되는 어휘로 보려는 주장이 있다(안병호, 1982:24).

---

29) 이에 대하여는 류열(1983:134)의 "오늘날 우리에게 남아있는 이 부류의 표기대상자료도 8백 수십개를 넘지 못하는 매우 제한된 량에 지나지 않는다. 그러나 이 표기자료를 통하여 얻은 자료는 매우 귀중하다. 그 가운데는 고구려의 것이 150여개, 백제의 것이 100여개, 신라의것이 약 150개 들어있다"(띄어쓰기, 철자법은 원문대로)라는 논의에 의하여 그 대체적인 윤곽을 알 수 있다.
30) 이 예에서 보이는 'xxx 本高句麗 xx'의 형식은 『삼국사기』권35의 것이고 'xxx 一云 xx'의 형식은 『삼국사기』권37의 것이다. 이 외에 'xxx 本 xx'의 표현은 권37의 지명 가운데 압록강 이북의 것을 표기할 때 쓰는 방법이다(이기문, 1967:79).

*tar-達(山, 高)
土山縣 本高句麗 息達-'土山'현은 본래 고구려의서 '息達'이라고 했다.
高木根縣 本高句麗 達乙斬-'高木根'현은 본래 고구려에서 '達乙斬'이라고 했다.
高烽縣 本高句麗達乙省縣-'高烽'현은 본래 고구려의 '達乙省'이다.

위의 예에서 "土山 = 息達, 高木根 = 達乙斬, 高烽 = 達乙省"의 대응을 찾을
수 있다. '息達'의 '息'은 고구려어 '*sirk'의 부정확한 표기거나 이로부터 발달한
'sik'의 표기로 볼 수 있고 이것은 퉁구스제어에서 나나이어의 'siru(砂)', 에벤키어
의 'sirugi(砂)', 그리고 몽고어의 'širuγai(塵, 土)'와 비교되며 중세국어의 '홁(土)'
과도 관련이 있는 어휘다(이기문, 1967:80). 이와 같이 "土山 = 息達"의 대응에서
'息 = 土'가 성립된다면 다음에는 '山 = 達'의 대응이 남게 된다. 나머지 두 예에서
같은 방법으로 '高 = 達乙'의 대응도 가능하다. '達[tar]'은 고대 일본어의 'take(嶽)'
와 비교될 수 있고 고조선의 도시 이름 '阿斯達'의 '達'도 같은 의미로 보인다.31)

*tuan-且, 呑, 頓(谷)
水谷城縣 一云 買旦忽-'水谷'성은 한편으로는 '買旦'홀이라고 한다.
於支呑 一云 翼谷-'於支呑'은 한편으로는 '翼谷'이라고 한다.
十谷縣 一云 德頓忽-'十谷'현은 한편으로는 '德頓'홀이라고 한다.

위의 예는 '水谷城 = 買旦忽', '於支呑 = 翼谷', '十谷縣 = 德頓忽'의 대응을 보여
준다. 먼저 '水谷城 = 買旦忽'에서는 앞에서 살펴본 '水 = 買', '城 = 忽'을 제외하
면 '谷 = 旦'이 가능하며 같은 방법으로 '呑 = 谷', '谷 = 頓'의 대응을 찾을 수
있다. 이것은 고구려어에서 '谷'을 나타내는 어휘를 한자의 '旦, 呑, 頓'으로 표음
한 것임을 보여주고 있으며 아마도 '*tuan(谷)'이란 고구려어의 어휘를 표음한
것이 아닌가 한다. 고대 일본어에서는 '谷'이 'tani'로 읽힌다.

*mir-密(三)
三峴縣 一云 密波分-'三峴'현은 한편으로는 '密波分'라고 한다.

---

31) 안병호(1982:25)에서는 '음달'의 '달'도 이 고구려 어휘와 관련이 있는 것으로 보았다.

위의 에에서 '三峴 = 密波兮'의 대응을 볼 수 있고 '峴, 巖'은 '波兮, 巴衣, 波衣'로 표기한 바 있음으로32) '三 = 密'의 대응을 상정할 수 있다. 이 예는 고구려어 수사의 하나를 보여주는 것으로 중요한 것으로 고대일본어의 'mi'와 비교되는 어휘다.

같은 방법으로 '*üč(五)', 'nanən(七)', 'tek(德)' 등 4개의 고구려어 수사를 찾을 수 있다. 이것은 일본인 학자 Shinmura Izuru에 의하여 주장된 것으로 新村 出(1916)에서는 『삼국사기』의 같은 곳에 보이는 지명 표기에서 "五谷郡 一云 弓次呑忽-'五谷'군은 한편으로는 '弓次呑'忽이라 한다-",33) "七重縣 一云 難隱 別-'七重'현은 한편으로는 '難隱別'이라고 한다-", "十谷縣 一云 德頓忽-'十谷' 현은 한편으로는 '德頓홀이라 한다-"에서 위의 고구려어 수사를 찾아내고 이들이 고대 일본어의 'itu(五)', 'nana(七)', 'töwö(十)'와 대응함을 주장하였다.

*to-吐(堤)
奈吐郡 一云 大堤-'奈吐'군은 한편으로는 '主夫吐'군이라고 한다.
奈隄郡 本高句麗 奈吐郡 景德王改名 今堤州-'奈隄'군은 본래 고구려의 '奈吐'군 이다. 경덕왕이 개명하였으며 지금의 제주다.
長堤郡 本高句麗 主夫吐郡-'長堤'군은 본래 고구려에서는 '主夫吐'군이라 한다.

이 예에서 '奈吐 = 大堤', '奈隄 = 奈吐', '長堤 = 主夫吐'의 대응을 찾을 수 있다. '奈吐 = 大堤'에서 '奈'는 고구려어의 '*na(大, 長)'를 표기한 것으로 이 어휘는 고대 일본어의 'naga(長)'에 비교되는 어휘다. 따라서 '吐 = 堤'의 대응을 상정할 수 있으며 이 사실은 '奈隄 = 奈吐'에서도 확인된다. 고구려어의 '*to (堤)'는 중세한국어의 '둑'과 비교되는 어휘다.

이런 방법으로 재구된 100여개의 고구려 어휘는 2000~1300년 전의 고구려 어를 보여주는 유일한 자료들이다. 그나마 이 고구려어의 편린들은 한자를 차

---

32) 이에 대하여는 『삼국사기』 같은 곳에 "松峴縣, 本高句麗 夫斯波衣", "孔巖縣, 本高句麗 濟次巴衣"라는 기사로부터 '松峴=夫斯波衣(松=夫斯, 峴=波衣), '孔巖=濟次巴衣'(孔=濟 次, 巖=巴衣)의 대응을 얻을 수 있어 '峴, 巖'이 '波衣, 巴衣'로 발음되었음을 알 수 있고 이것은 '波兮'로도 표기되어 결국은 고구려어의 [*pa'i]의 표음이었을 것으로 추정된다.
33) 이 예에 보이는 '弓次呑忽'의 '弓'은 '于'의 오각으로 『세종실록』'지리지'에는 '于次'로 표기되었음.

자하여 표기한 것이며 문장 자료는 거의 찾아볼 수 없다. 그럼에도 불구하고 우리는 이 자료에 의하여 고구려어와 백제어, 신라어의 異同을 살펴야 한다.

고구려는 주지하는 바와 같이 古朝鮮에 속했던 여러 부족 국가를 통합하여 이루어진 국가다. 초기에는 나라의 수도가 만주지역을 전전하였고 지금의 평양에 도읍을 정한 것은 서기 427년의 일이다. 따라서 이들은 한반도의 남쪽으로 이동해 온 북방 계통의 민족이었으며 이미 당시 한반도의 남부에 정착해 있던 韓系와는 서로 다른 언어를 사용했다는 것은 아주 자연스런 결론이다. 왜냐하면 비록 동일계통의 언어라도 상당 기간 동안 접촉이 없으면 언어는 분화되어 다른 언어가 되기 때문이다. 더구나 고구려어는 부여계로서 북방군의 언어에 속하며 남방군의 신라어와는 상당한 차이를 가졌던 것이다. 앞에서 찾아본 몇 개의 고구려어 어휘도 신라어와는 매우 다르고 오히려 일본어나 통구스제어의 어휘와 유사함을 보여준다.

3.2.2 백제는 그 건국 과정이 아직 확실하게 밝혀지지 않았다. 전설에 의하면 고구려 시조 朱蒙의 아들인 溫祚가 그 추종자들을 거느리고 남하하여 尉禮城(한강 유역)에 정착하였으며 국가를 건설하고 '十濟'라 하였다가 규모가 커지자 곧 백제(伯濟, 또는 百濟)로 개칭하였다고 한다. 한편 伯濟는 馬韓의 50여 부족 국가의 하나로서 三韓의 맹주인 目支國(月支國)이 세력이 약화된 틈을 타서 고구려 유이민의 세력을 규합하여 고대 국가로 발전시킨 것이라고 한다. 즉, 제8대 古爾王 때에 마한의 제 부족을 복속시켜서 고대국가의 체제를 완비하였고 그들의 始祖로 온조를 추대하여 국가의 정통을 북방 유이민에 두었다고 보는데 한국사에서는 이것이 정설로 알려졌다.

이렇게 성립된 백제는 도읍을 한강 이남인 廣州에 두었다가 22대 文周王 때에 熊津(公州)으로 옮겼으며 24대 聖王 때에 泗沘城(扶餘)로 옮기게 된다. 따라서 백제어는 지리적으로 한반도에서 한강 이남의 중서부 방언을 기초로 하여 형성된 것으로 마한의 고토에서 시작되었으며 후대에는 현재의 전라도의 서남 방언까지 망라하게 된다.

그렇다면 백제어는 어떠한 언어였을까? 이기문(1972:36~37)에서는 백제어가 남방군인 마한의 언어가 모태를 이룬 것으로 신라어가 매우 가까웠다고 기술하고 백제에 들어온 고구려의 유이민은 원주민의 언어를 고구려어로 동화시키지 못한 채 어느 정도 영향을 끼치는데 그친 것으로 보았다. 반면에 김영황(1989:30)에서는 "[전략] 그리고 고구려어와 같은 갈래인 백제어는 백제국의 공통어로 되었으며[하략]"라 하여 백제어를 고구려어의 한 지파로 보았다. 그러나 현전하는 백제어의 편린들은 이 언어가 고구려어보다는 신라어에 가까움을 보여준다.

백제어의 자료는 다른 삼국에 비하여 가장 적으며 고구려어와 같이 『삼국사기』(권36)「雜志」(第5) '地理'(3)와 동(권38)「雜志」(第7) '地理'(5)에서 얼마간의 예를 추출할 수 있을 뿐이다. 그 가운데 신빙성이 있는 몇 개의 예를 옮겨 보면 다음과 같다.

　　*büri-夫里(城, 村)
　　扶餘 本百濟 所夫里-'扶餘'는 본래 백제에서 '所夫里'라고 한다.

이 어휘는 신라어의 '火, 伐(*pol)'과 유사하고 고구려어의 '忽(xul)'과 대응되는 어휘다. 현대어의 '서울' 도 신라어의 '徐羅伐, 徐伐'로부터 발달한 것이 아니라 백제어의 '所夫里'에서 온 것으로 보는 견해가 있다.34)

　　*sje-西(舌)
　　西林郡 本百濟 舌林郡-'西林'군은 본래 백제에서는 '舌林'군이라 한다.

이 예는 '西=舌'의 대응을 보여주며 이로 부터 백제어에 '*sje(西)'가 '舌'을 의미하는 것이었음을 알 수 있다. 이 어휘는 중세한국어의 '혀(舌)', 또는 '혜(舌)'와 유사하고 충청·전라 방언에서 볼 수 있는 '세(舌)'의 고어다.

　　*turak-珍惡(石)
　　石山縣 本百濟 珍惡山縣-'石山'현은 본래 백제에서는 '珍惡山'이라 한다.

---

34) 도수희(1984)에 의하면 『삼국사기』에 자주 보이는 '所夫里'는 '서울'을 지칭하는 말로서 신라어의 '徐羅伐'과 같은 의미를 갖는다고 보았다. 현재 百濟 故土의 방언에서 '夫里'는 대부분 '울'로 변하였다.

이 예에서 '石 = 珍惡'의 대응을 찾을 수 있으며 이것은 백제어에서 '石'을 '珍惡'으로 표음하였음을 말한다. '珍惡'은 'turak'의 표음하였는데 "馬突 一云 馬珍-'馬突'은 한편으로 '馬珍'이라 한다"(『삼국사기』 권34)에서 '珍'이 '突(tul)'로 발음됨을 볼 수 있다. 이것은 중세한국어의 '돓(石)'이나 중서부, 서남 방언에 '독', 또는 '돌'과 연결되는 어휘다.

　*sup-所非(森)
　森溪縣 本百濟 所非芳縣-'森溪'현은 본래 백제에서 '所非芳'현이라 한다.

이 예에서 '森溪 = 所非芳'의 대응을 찾을 수 있고 이것은 백제어의 '*sup(所非)'이 '森'을 의미함을 나타낸다. 이 어휘는 중세한국어의 '숩', 또는 '숳'에 연결되는 어휘로서 현대어에서는 '숲'으로 남아있다.

　*kï-己, 只(城)
　悅城縣 本百濟 悅己縣-'悅城'현은 본래 백제에서 '悅己'현이라고 한다.
　儒城縣 本百濟 奴斯只縣-'儒城'현은 본래 백제에서 '奴斯只'현이라고 한다.

이 '悅城 = 悅己'와 '儒城 = 奴斯只'의 예에서 찾을 수 있는 '城 = 己, 只'는 백제어의 '*kï(己, 只)'가 있어 '城'을 의미함을 말한다. 이 어휘는 중세국어의 '잣(城)'과 대비되는 어휘로서 신라어나 고구려어에서 찾아 볼 수 없으며 현대 한국어 방언에서 찾기 어려우나 일본어에 차용되어 일본 지명에 전해진다.

　*han-韓(大)
　韓山縣 本百濟 大山縣-'韓山'현은 본래 백제에서 '大山'현이다.

이 '韓 = 大'의 예는 백제어의 '*han(韓)'이 '크다(大)'의 의미로 사용되었음을 보여준다. 서남지방의 이 지명은 한반도의 중서부와 서남 지방에 널리 퍼져있다. 이 어휘는 중세 한국어의 '하다(多)'에 연결된다.

*sa-沙(新)
新平縣 本百濟 沙平縣-'新平'현은 본래 백제의 '沙平'현이다.

이 '新 = 沙'의 예는 신라어의 '斯羅, 斯盧'에 보이는[35] '사'와 대응되는 관형사로서 중세한국어와 현대 한국어의 '새'에 연결되는 어휘다.

*mülke-勿居(淸)
淸渠縣 本百濟 勿居縣-'淸渠'현은 본래 백제의 '勿居'현이다.

이 '淸 = 勿居'의 예는 백제어에 '*mülke(淸)'가 있었음을 말하며 이 어휘는 중세 한국어의 '붉-(淸)', 현대 한국어의 '맑-(淸)'으로 변천하였다.

*murang-毛良(高)
高敞縣 本百濟 毛良夫里縣-'高敞'현은 본래 백제에서 毛良夫里'라고 한다.

이 '高 = 毛良'의 예는 백제어에 '*murang(高)'이 있었음을 말하며 신라어의 '麻立(*ᄆ리), 首露(*마로)', 고구려어의 莫離(*마리), 首乙(*말)과도 비교되고 중세 한국어의 'ᄆᆞᆯ, 므르(棟梁)'와 연결되는 어휘다.

이상의 예를 보면 백제어는 대체로 신라어와 방언적 관계에 있고 중세 한국어와 직접적인 선후 관계에 있었음을 알 수 있다. 특히 『梁書』'신라전'에 "無文字刻木爲信, 語言待百濟而後通焉-[신라는] 문자가 없고 나무를 조각하여 편지를 하였다. 말은 백제인을 기다려 통하였다-"라는 기사가 있어서 신라어와는 방언적 관계에 있어서 중국인과의 접촉에서 한문을 이해하고 있는 백제인이 통역한 것을 알 수 있다.[36] 그러나 어떤 것은 백제어 고유의 것도 적지 않아서

---

35) 이에 대하여는 『삼국유사』의 "國號徐羅伐 又徐伐 {今俗訓京字云徐伐 以此故也} 或云斯羅 又斯盧-나라 이름을 徐羅伐, 또는 徐伐이라하다 {요즘 '경(京)'자의 속된 훈을 徐伐이라 하는 것은 이런 이유 때문이다} 혹은 斯羅라고 하고 또 斯盧라고도 한다-"(권1. '新羅始祖' 조)라는 기사를 참조할 것. { } 안의 것은 협주임.

36) 원래 이 예는 신라인이 고구려인과 접촉할 때에 백제인을 중개로 하였다는 증거로 들었던 것이다. 즉, 이숭녕(1967:346)에 "신라어는 梁書에서, '其拜及行與高句麗相類, 無文字刻木爲信, 言語待百濟而後通焉 여기서 '拜及行'은 고구려와 비슷하나, 言語는 百濟語를 거쳐

백제어는 독립된 언어였을 가능성도 없지 않다.

3.2.3 신라는 서력기원을 전후한 시기에 '徐伐(혹은 徐羅伐, 徐那伐)'이라 불리던 지금의 경주 지방을 중심으로 하여 세력을 가졌던 부족들이다. 이들이 북으로부터의 유이민을 받아들이면서 부족 연맹의 세력을 형성하게 되었다. 신라는 서기 935년 한강 이북의 신흥 세력인 고려에게 멸망하기까지 1천년 가깝게 국가 체제를 유지하면서 한반도의 고대시대를 대표했던 왕조였다.

'新羅'라는 명칭은 『삼국지』 위지 동이전에 보이는 '斯盧'와 『삼국사기』, 『삼국유사』에 보이는 '斯羅, 斯盧', 그리고 이의 한자 표음인 '新羅'에서 온 것으로 '새 나라'를 말한다. 4세기 말엽인 奈勿王 때부터 지배세력이 강화되어 국가로서 기초를 잡기 시작하였다. 서기 532년경에 낙동강 하류에 진출하여 金官伽倻를 정복하고 661년에 백제를 합병하였으며 이어서 668년에 고구려를 멸하였다. 이와 같이 삼국을 통일한 7세기 중반을 기점으로 하여 삼국이 정립한 시대와 통일신라시대를 구분한다. 따라서 신라어에는 6세기경에는 가야어, 그리고 7세기경에는 백제어를 통합하게 되며 통일신라시대의 언어에는 고구려어도 이에 포함된다.

가야어는 신라어보다는 고구려어 계통으로 보는 견해가 있다. 이기문(1972)에서는 加耶語에 대하여 『三國史記』(권44)의 '旃檀梁(전단량)' 조의 細注에 "城門名, 加羅語謂門爲梁云 - 전단량(旃檀梁)은 성문의 이름이다. 가라어로 문을 '도'(梁의 釋讀)라 한다. 운운"의 예를 들어 신라어와 가라어(=가야어)와는 차이가 있었음을 의식한 것이라 하였고 이어서 "加耶 地域의 地名을 檢討해 보면, 다른 韓 地域에서는 볼 수 없으며, 오히려 高句麗 地域에서 發見되는 要素가 더러 나타난다. 이것은 加耶語 또는 그 이전의 弁韓語가 北方 夫餘系가 아니었던가 하는 疑問을 자아내 준다"(이기문, 1972:31~32)라고 하여 가야와 변한의 언어가 북방계일 수 있음을 암시하고 있다. 이 어휘는 일본어의 'to'(門)와 대응되는 어휘다.[37)]

高句麗語에 통할 수 있다고 함에서, 新羅語와 百濟語가 가까움을 나타내고 있고, 高句麗語와는 상당한 距離가 있음을 말하여 준다"라고 하여 신라어와 고구려어에 관한 기사로 이해하였으나 김수경(1989:24)에서는 이 말이 신라와 중국 사이의 언어 관계를 서술한 것으로 보아야 하며 오히려 이 기사는 백제어와 신라어가 서로 같았다는 증거로 보인다고 하였다.

특히 이기문(1967:92)에서는 앞에 든 예와 더불어 역시 『삼국사기』(권34), 「잡지」(3)의 "玄驍縣, 本推良火縣 一云三良火, 景德王改名, 今玄豊縣－'玄驍'현은 본래 '*밀라벌(推良火)'현이다. 한편으로는 '三良火'라고도 한다. 경덕왕이 개명하였으며 지금의 '玄豊'현이다"라는 예를 들고 '推良=三良'에서 '밀'(推의 훈독)이 '셋'(三)을 표시한 예가 있음으로 고구려어의 수사 '三(密)'과 일치한다고 보았다. '推'가 석독하여 '밀'로 읽힌 예는 역시 『삼국사기』(권34), 「잡지」(3)에 "密城郡, 本推火郡 景德王改名, 今因之－'密城'군은 본래 '밀벌(推火)'이다. 경덕왕이 개명하였고 이제도 그에 의하다"에서도 찾을 수 있다.

그리고 역시 『삼국사기』의 같은 곳에서 "柒隄郡 本柒吐郡－'柒隄'군은 본래 '柒吐'군이었다"에서 '吐(隄-제방)'의 어휘가 고구려어와 같음을 예로 들고 김영황(1989)에서는 "[전략] 弁韓 내지 加羅 地域에 夫餘系統의 언어를 말한 사람들이 있어서 [하략]"라고 하여 변한과 그 지역에서 흥기한 가야의 언어가 북방군의 부여계통임을 강력하게 주장하였다.[38] 물론 이 언어들은 신라어에 흡수된다.

신라어는 삼한 가운데 진한의 언어를 모태로 하여 신라의 흥융과 더불어 발달한 언어이며 삼국의 언어자료 가운데 신라의 것이 가장 많다. 『삼국사기』 지리지의 신라어 자료도 그러할 뿐만 아니라 『삼국유사』의 향가 14수와 『균여전』의 향가 11수는 비록 운문이지만 고대 신라어의 문장 자료를 찾아볼 수 있다.

이 언어 자료들은 다시 통일신라 이전의 것과 이후의 것으로 구별한다. 그리고 이 신라어는 다음 장에서 논의할 고대 한국어를 말함으로 여기서는 주로 삼국시대의 신라어 가운데 중세 한국어와 관련된 몇 개의 어휘만을 보이기로 한다.

---

37) '梁'을 '도'로 석독하는 것은 『삼국유사』(권1)의 "沙涿漸涿等羅人方言, 讀涿音爲道. 故今或作沙梁 梁亦讀道"라는 기사와 "沙梁部, 梁讀云道, 或作涿, 亦音道"라는 기사를 참고할 것.

38) 진한의 언어가 부여어와 친족관계를 맺고 있고 이것은 결국 고조선의 언어로 소급된다는 의견은 북한 학자들에 의해서도 제기되었다. 김영황(1989:7)에서는 "고조선, 부여, 진국의 밀접한 관계는 그 기원의 동일성에서 나오는 동족의식에 기초한것이였다. 이 나라 인민들의 접촉과 융합은 동족의식을 더욱 굳게 하였으며 이 과정에 언어적 공통성은 일층 공고화되였는바 그것은 이 언어들이 본래부터 한 갈래의 언어였기 때문에 가능하였던 것이다(띄어쓰기 맞춤법은 원문대로)"라고 하여 진국(=진한)의 언어가 부여계임을 주장하였다. 이 주장은 아마도 진한의 언어를 가야어로 인식한 것으로 보인다.

*nu-內(世)

赫居世王, 盖鄕言也. 或作弗矩內王, 言光明理世也-'赫居世'왕은 모두 신라 말로서 혹은 '弗矩內'라고도 한다. 밝게 세상을 다스림을 말한다(『三國遺事』권1).

이 예는 '內'로 표기된 '세상'이란 뜻의 신라어가 있었음을 말한다. '內'는 아마도 '누'를 표기한 것으로 접미사 '-리'를 붙여 '누리(儒禮, 世理, 弩禮)'가 되었으며 같은 형태가 중세 한국어에도 나타난다. 이것은 후대에 '뉘'로 발달하였고 고구려어의 '內, 奴, 惱'와도 비교가 가능한 어휘다.[39]

*pölk-弗矩(赤), 上記 例

이 어휘는 '블그'의 표기로서 '弗矩, 赫居, 赫'의 차자표기를 보이며 중세 한국어의 '붉(赤)'과 '붉(明)'과 같은 어간을 보여준다.

*möl-勿(水)

泗水縣 本史勿縣-'泗水'현은 본래 '史勿'현이다(『삼국사기』권34).

이 예는 '水=勿'의 대응을 보이며 신라어에 '*möl(水)'이 있었음을 말한다. 이 어휘는 중세 한국어의 '믈'에 연결되는 것으로 고구려어의 '買'와 비교된다.

*mari-麻立(橛)

金大問云: 麻立者, 方言謂之橛也-김대문이 말하기를 '麻立'은 신라말로 '橛(말뚝)'을 말한다(『삼국유사』권1).

이 예는 '麻立=橛(말뚝)'의 대응을 보여주며 신라어에 '*mari(橛)'란 어휘가 있었음을 말한다. 이 어휘는 고구려어의 '莫離'나 백제어의 '毛良'(高)과 비교될 수 있을 것이다. 이 어휘는 '麻立干, 麻袖干'(橛王)의 표기로 나타나며 중세 한국어의 '마리, 머리'는 이것의 발달로 보인다.

---

39) 류렬(1983)에서는 고구려의 '瑠璃, 類利, 孺留, 累利, 奴聞'도 모두 'nuri, nori'의 발달을 거친 것으로 같은 계통의 어휘로 보았다.

*ütuy-尉解(襦), *kebey-柯半(袴), *sin-洗(靴)

襦曰尉解, 袴曰柯半, 靴曰洗 - 저고리는 '尉解'라고 하고 바지는 '柯半'이라고 하고 신은 '洗'이라고 한다(『梁書』「新羅傳」).

『양서』「신라전」의 이 기사는 아마도 '*우틔(襦)', '*ㄱ빙(袴)', 그리고 '*신(洗)'를 표기한 것으로 여겨진다. '*우틔'는 16세기의 '우틔(裳)'나 현대 평안도 방언의 '우티(옷)', 그리고 중부 방언과 함경도 방언에 보이는 '우틔(옷)'의 고어로 보인다. 그리고 "*ㄱ빙'는 『계림유사』의 "袴曰珂背 - 바지는 珂背(*ㄱ빙, 또는 *ㄱ빈)라고 한다"와 15세기 문헌의 'ㄱ외(> 고의)'와 연결되는 어휘로서 'ㄱ빙 > ㄱ빈 > ㄱ외 > 고의'의 발달을 거친 것이다. 그리고 '*신'은 중세 한국어에서 많이 보이고 현대어에서도 동일하다.

*ič-異次(厭)

厭髑或作異次, 或云異處, 方音之別也 - '厭髑'은 혹시 '異次'라고 하고 혹은 異處'라고 한다. 방언의 발음에 따라 다르다(『삼국유사』 권3).

이것은 신라어의 '잊-'란 어휘가 '싫다'라는 의미로 쓰였음을 알 수 있게 하는데 『삼국유사』의 여러 기사에 의하면 이를 '異次, 異處, 伊處, 厭髑, 厭' 등으로 표기하였음을 알 수 있다. 이것은 중세 한국어의 '잊-'(厭)과 같은 어원으로 보인다.

4. 중세 한국어

4.1 앞에서 살펴본 바와 같이 삼국시대의 한반도에는 고구려어와 백제어, 그리고 신라어가 鼎立하여 사용되었다. 이 세 언어는 신라어와 백제어가 서로 방언적 관계를 갖는 정도로 유사하였고 고구려어는 어느 정도 달랐던 것으로 이기문(1972)에서는 "新羅語와 百濟語는 서로 매우 비슷하였고 高句麗語는 현저히 달랐던 것으로 생각된다"라고 하여 고구려어의 차이를 강조하였다.

7세기 후반에 백제와 고구려가 멸망하고 신라가 삼국을 통일하여 신라의

판도가 백제·고구려의 고토로 확대되었다. 이에 대하여 이기문(1972:39)에서
는 "이로서 新羅語 中心의 韓半島의 言語的 統一이 可能하게 된 것이다. 이런
의미에서 統一新羅의 成立은 國語 形成의 歷史上 最大의 事件이라고 해서 조금
도 지나침이 없을 것이다"라고 하여 신라의 삼국 통일로 한반도에서 언어의
통일이 이룩되었고 신라어는 한반도의 유일한 공용어로서 위치를 갖게 되었다
고 보았다.

　신라의 통일시대가 2세기에 걸쳐 계속되었으므로 백제는 물론이고 고구려
의 고토에서도 신라어가 통용되었으며 지역 방언으로 잔존하였던 백제어도
신라어의 영향을 받아 동화되어 갔다고 볼 수 있다. 오늘날 남아 있는 신라어
의 자료들이 중세 한국어와 크게 다르지 않는 것은 신라어가 바로 중세 한국어
의 모태가 된 것임을 말하고 있다. 따라서 신라어를 고대 한국어로 보려는 태
도가 한국어의 형성에서 가장 널리 알려진 견해다.

　4.2 그러나 신라어는 고구려어의 한 갈래에 불과하였고 중세 한국어의 근간
은 고구려어라는 주장이 북한 학자들에 의하여 제기되었다. 이러한 주장은 삼
국의 언어가 유사하였으며 신라어와 고구려어가 방언적 차이를 보이는 언어라
는 의견을 바탕으로 한 것이다. 즉, 김영황(1989) 등에서는 고려가 건국할 당시
한반도에는 북부 방언과 서부·동부 방언, 그리고 제주 방언이 있었으며 고려
어는 기초 방언인 북부방언을 대표하는 것으로 이것은 결국 고구려어에 귀착
된다고 보았다.[40] 이러한 견해는 김병제(1959, 1961) 이래로 북한에서는 한결
같이 되풀이 되는 견해다.

　한국어의 계통에 대하여 이와 같이 서로 상반되는 두 주장의 핵심적인 爭點

---

40) 이에 대하여는 평양 김일성종합대학의 조선어학과 교과서로서 편찬된 김영황(1989:139)
에서 "(…전략…)이와 같이 10세기에 평양-개경지방의 방언을 기초방언으로 하여 이루
어진 고려어는 고려 봉건국가의 중앙집권의 강화에 따라 그 령역을 넓혀나가다가 11세
기 이후에는 인민들의 언어생활에서 언어적 공통성의 기초로서 그 영향력을 전국에 미
치게 되었다. 그리하여 고려어는 고려판도전역에서 단일민족 국가 공통어로서의 위치를
차지하게 되였으며 기초 방언인 북부방언과 그밖에 동부방언, 서부방언의 3개 방언과
제주방언이 이 시기에 존재하게 되였던 것이다"(띄어쓰기 철자법은 원문대로)라는 주장
을 참고하기 바라며 이 주장은 고려어가 평양과 개경의 방언을 기초로 하여 이루어진
것이며 이것은 결국 고려어가 고구려어를 모태로 한 것이라는 이론이다.

은 중세 한국어인 고려어가 어떤 언어를 기반으로 하여 형성되었는가 하는 문제로 귀착된다. 그리고 이 문제는 고려가 건국된 10세기경에 고려의 수도인 개경지방의 언어가 신라어의 영향권에 있었는가 아니면 고구려어의 한 방언이 었는가 하는 문제가 된다. 또 이 문제는 삼국시대에 고구려, 백제, 신라의 언어가 어떠하였는가 하는 것과도 연결되었다. 앞에서 언급한 포페-이기문의 한국어 계통도라던가 이기문(1973)에서 논의된 한국어의 역사적 변천에 대한 기술을 보면 고구려, 백제, 신라의 삼국 언어는 서로 달랐으며 고구려어의 위치는 중세 한국어가 형성할 때에 하나의 低層(substratum)에 불과하였다.[41]

4.3 중세 한국어는 고려가 건국한 다음에 언어 중심지가 한반도의 동남부에 치우친 경주로부터 한강 이북의 개성으로 옮겨진 다음에 이루어진 한국어를 말한다. 오늘날 남아있는 중세한국어, 즉 고려어의 자료는 신라어의 그것과 크게 다르지 않다. 다음 장에서 논의될 신라어와 고려어를 비교하여 보면 이 사실을 확인할 수 있다. 그렇다면 중세 한국어는 어떻게 형성되었을까?

역사 이전의 시대에 한반도에는 부여계의 언어와 한계의 언어가 한강을 중심으로 나뉘어 있었다. 그러다가 신라의 삼국통일로 인하여 신라의 경주 방언을 기간으로 하는 신라어가 한반도의 공용어가 된 것이다. 이 신라어는 고려가 건국함으로써 언어 중심지가 한반도의 중앙에 있는 한강의 이북의 開城으로 옮아갈 때까지 한반도의 공용어로서 사용되던 것으로 한반도의 韓系語는 물론

---

41) 평양의 학자들은 반대로 고려어가 고구려어의 계통임을 주장하였다. 김영황(1989:137~139)에서는 "이와 같이 옛날 고구려어였던 평양-개경지방방언이 고려어의 기초 방언으로 됨으로써 고려어의 형성에서 고구려어는 언어기층으로서의 작용을 한 것은 물론 그 구체적인 언어자료까지도 적극 참여 시켜 고려어가 고구려어적 특징을 뚜렷이 하게 하였으며 언어 생활의 영역에서 고려어가 고구려어의 유산과 전통을 계승할수 있게 하였다"(띄어쓰기 맞춤법은 원문대로)라고 하여 고려어의 신라어 근간설을 정면으로 부인하였다. 그리고 그 증거로서 다음과 같은 예를 들었다.

고구려어	고려어
*나말 乃勿忽(鉛城)	鉛 俗云 那勿(『향약집성방』)
*곰 功木達(熊閃山) 경기 련천	熊 果門(『조선관역어』)
*물 德勿(德水) 경기 풍덕	水曰沒(『계림유사』)
*검 今勿奴(黑壤) 충북 진천	黑雲故閦故論(『조선관역어』)
*한 大鳥曰安市(鳳凰)	鷺曰漢賽 祖曰漢了祕(『계림유사』)

이고 부여계의 언어에도 많은 영향을 주었다.

그러나 고려의 건국은 한반도의 중앙에 위치한 개성의 방언이 중심이 되어 한국어의 역사적 변천에서 새로운 단계의 언어가 생겨난 것이다. 고려의 수도였던 개성은 본래 부여계에 속하였던 고구려의 故土로서 통일신라시대는 서북에 있는 하나의 邊方에 불과하였다. 고려의 건국에 관련된 제반 사실을 살펴보면 이곳 주민들은 고구려의 전통을 이어받은 것이 분명하고 실제로 오늘날 남아있는 자료에 의하면 고려 초기의 언어에는 고구려어의 요소가 남아있는 흔적이 있다고 한다.

오늘날 우리가 사용하는 한국어는 중세 한국어가 발달한 것이다. 즉 고려의 건국으로 한반도의 중부지방 언어가 중앙어로 확립되어 오늘날까지 면면하게 이어진 것이다. 그러면 초기의 중세 한국어, 즉 고려의 초기 언어는 어떻게 형성되었을까? 고려가 건국된 개성지방은 통일신라 이후 상당 기간을 신라의 판도 안에 있었고 따라서 그 언어는 신라의 방언이었다고 보는 견해가 지배적이다.

즉, 이기문(1967:93)에서는 "上述한 中世韓國語의 基盤이 된 開城 方言이 本質的으로 新羅語였음은 疑問의 여지가 없다. 여기서 우리는 韓國語의 形成을 말할 때, 中世韓國語의 成立을 重要視하지 않을 수 없으며, 다시 거슬러 올라가 新羅語의 形成 및 起源을 重要視하지 않을 수 없는 所以를 비로소 理解할 수 있게 되는 것이다"라고 하여 중세 한국어의 기틀이 된 고려어가 신라어의 방언이었으며 한국어는 신라어로부터 고려어로 그리고 조선시대를 거쳐 오늘날에 이른 것으로 보았다.

통일신라는 10세기 초까지 계속해서 한반도의 대부분을 지배하였다. 그리고 신라어는 신라의 勃興에 따라 한반도의 공용어가 되었다. 따라서 경주 중심의 신라어는 점차 백제와 고구려의 故土로 파급되었다. 마치 이태리 반도의 한 작은 라티움(Latium) 방언이 로마제국의 흥융과 더불어 전 유럽의 라틴어로 발전한 것과 같이 경주 금성 방언을 토대로 형성된 신라어는 한반도의 중심 언어로 발전한 것이다(이기문, 1972).

고려의 도읍지가 된 개성은 원래 고구려의 고토로서 오랜 세월 고구려의 판도 안에 있었으나 삼국의 통일로 신라의 지배하에 있게 되었다. 즉, 개성지방은 고구려의 멸망(669) 이후 고려의 건국(918)까지 200년이 넘게 신라의

지배 아래에 있어서 신라어를 공용어로 사용하였다. 그러므로 이 지역이 언어
가 신라어에 많이 동화되었을 가능성은 충분히 예상되는 일이다. 따라서 고려
의 건국 이후에 이 지역의 언어를 기반으로 하여 형성된 고려어, 즉 중세 한국
어는 신라어를 기반으로 한 것이며 고구려어의 저층을 갖고 있을 것으로 가정
할 수 있다. 또 이 가정은 현전하는 여러 자료에 남아있는 신라어와 중세 한국
어의 비교를 통하여 증명할 수 있다.

신라어와 중세 한국어와의 관계는 이기문(1967)에서 자세하게 논의되었다.
그 가운데 몇 가지를 옮겨보면 우선 향가에서 발견되는 격접미사가 중세 한국어
의 그것과 대부분 일치하며 吏讀 및 口訣과도 유사하다. 즉, 향가에서 추출된
격접미사와 그에 대응하는 중세 한국어의 격조사를 대응시켜 보면 다음과 같다.

	신라향가의 격접미사	중세한국어
主格	伊·是(이)	-이
屬格	矣·衣(의)	-익 ~ -의
處格	中·良中·也中	-애 ~ -에, -예
對格	乙(을)	-올 ~ -을 ~ -롤 ~ -를
造格	留(루)	-로
共同格	果(과)	-과 ~ -와
排除格	隱(은)	-은 ~ -은 ~ -는 ~ -는

(이기문, 1967:98)

이를 보면 향가에 보이는 신라어와 중세 한국어의 격접미사가 대체로 일치
함을 볼 수 있다. 이외에도 중세 한국어에 보이는 경어법에 대하여 향가에서는
주체존대의 '賜(-샤-)'와 주체겸양의 '白(-숣-)', 그리고 공손법의 '音(-ㅁ-)'이
보여 신라어에서도 이와 같은 경어법이 존재하였음을 알 수 있다. 이외에도
신라어의 대명사를 비롯한 여러 어휘가 중세 한국어의 그것과 일치하거나 같
은 계통의 것임을 보이고 있어 중세 한국어가 신라어를 기반으로 하여 성립되
었음을 뒷받침한다.

그리하여 이기문(1972)에서는 고려의 언어는 어디까지나 신라어의 한 方言
形이며 따라서 고려의 건국으로 언어 중심지가 교체된 중세 한국어도 신라어
를 근간으로 한 것으로 보았다. 뿐만 아니라 한국어의 역사를 시대구분할 때에

고대국어는 신라어로 한정되어야 함을 역설하였고 한국어의 형성 과정을 다음과 같은 도표로 보였다(이기문, 1972:41).

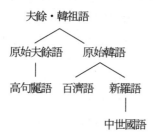

이것은 전술한 바와 같이 이기문(1961)에서 람스테드의 알타이어 계통도를 수정한 포페의 알타이어계통도에서 한국어에 관한 계통 연구에 그대로 수용되어 서방 세계의 알타이어학에서 기정 사실로 굳어졌다. 즉 Poppe(1960)에서는 이에 의거하여 2.5.2에서 볼인 [표 4]와 같은 수정 계통도를 그렸다.

여기에 보인 포페의 알타이제어 계통도는 한국어가 원시한국어로부터 오늘날의 한국어로 변함없이 내려왔다는 것이다. 그러나 이러한 계통도는 자신이 한국어 역사에 대한 지식의 결여로 보고 이기문(1961)에서 제안한 계통도를 Poppe(1965)에서 그대로 수용하였다. 그리고 중세한국어에 대하여 이기문 (1972:40)에 "中世國語는 10 世紀의 開城 方言을 基盤으로 形成된 것으로 믿어진다. 그런데 開城 地方은 본래 高句麗의 故地로서 統一新羅의 西北 邊方이었다. 그리고 高麗 建國時의 여러 가지 사실에 비추어 보아 그 住民은 확실히 高句麗의 傳統을 어느 정도 가지고 있었던 것으로 짐작된다. 그들의 言語에도 高句麗語의 要素가 많건 적건 남아 있었던 흔적이 있다. 그러나 그것은 전체적으로는 新羅語의 한 方言이라고 規定될 수 있는 것이다. 이리하여 우리는 中世國語는 新羅語를 根幹으러 形成되었다는 結論에 도달하게 된다"라고 주장하였다.

국어의 형성에 대한 이와 같은 포페-이기문의 계통도는 지금까지 남한의 대부분의 학자들에게 定說로서 수용되었고 국어의 계통에 대하여 가장 설득력이 있는 학설로서 인정되었다. 특히 이기문(1961)에서 고대국어(Ancient Korean)시대에 남북 兩群의 언어가 이미 분화된 것으로 보았으며 중세국어

(Middle Korean)는 언어중심지가 한강 이북인 개성으로 옮아간 다음에 이루어진 것으로 보았다. 즉 신라의 유민이었던 지배층의 신라어를 근간으로 하고 개성지방의 원주민이 사용하는 피지배층의 고구려어를 低層으로 하여 새로 성립된 고려 共通語로부터 중세국어는 성립된 것이라는 주장이다. 그리고 새로운 공통어의 전국적 확산이 1세기 정도의 시간이 필요하다고 보아 새로운 고려어를 보여주는 『鷄林類事』(1103~1104)가 중세국어의 시작으로 보았다.

이러한 가설은 남한과 북한의 국어사 연구자들로부터 거센 비판을 받았다. 김형규(1962 및 1975)를 비롯한 남한 학자들의 비판은 중세국어 시대구분의 기점이 『계림유사』의 편찬이라는 점을 들어 외국인의 저작물을 기준으로 삼는 연구태도에 강력한 이의를 제기하였고 북쪽 학자들의 비판은 신라어가 중세국어의 母胎가 되었다는 점과 고대국어시대에 고구려어, 백제어, 신라어 등 세 나라의 언어가 서로 별개의 언어였다는 점, 그리고 우리말이 알타이조어로부터 분화된 것이라는 가설이 주로 그 비판의 대상이었다. 이 책의 개정판인 이기문(1972)에서는 『계림유사』의 편찬(12세기 초)이 중세한국어의 기점이라는 주장은 수정되어 10세기 고려의 건국과 고려 중앙어의 성립을 고대 한국어와 중세한국어의 분기점으로 기술하였다.

한편 1980년대 말부터 북한의 한국어 연구 이론이 남한에 소개되면서 이러한 한국어의 형성에 대한 북한의 여러 연구에서는 신라어의 근간설을 전면적으로 부정하고 있는 것이 알려졌다. 즉, 북한에서는 김병제(1961)를 비롯하여 홍기문(1963), 김영황(1978), 류렬(1983) 등 거의 모든 논저에서 고구려, 백제, 신라의 언어가 같은 언어이며 한반도는 고조선 시대로부터 삼국시대를 거쳐 오늘에 이르기까지 단일한 언어를 사용하였음을 주장하였다. 특히 김수경(1989)은 '세 나라시기의 언어력사에 관한 남조선학계의 견해에 대한 비판적 고찰'(맞춤법과 띄어쓰기는 원문대로)이란 제목이 보여주는 바와 같이 이기문(1961, 1967, 1975 및 1980 등)의 국어의 계통 및 형성에 관한 제 논문을 여러 각도에서 비판하였으며 남한의 한국어 계통에 관한 거의 모든 논술에 대하여 부정적인 입장을 보였다.

4.4 국어의 形成에서 또 하나 중요한 爭點은 고구려어와 일본어의 관계다. 이기문(1968)에서 고구려어와 일본어의 언어 관계가 매우 긴밀하였음을 지적

하였고 1973년에『신동아』에 수록된 "언어상으로 본 고대 한일관계"(『신동아』 1973년 1월호 p.111)에서 강조되었다. 실제로『三國史記』'地理志' 등에서 찾아 낸 고구려어휘는 고대일본어에 많이 남아있다.42) 특히 전술한 바와 같이 일본의 新村出(1916)에서 고구려어의 數詞 4개와 일본어의 수사와의 類似性을 들었다. 이 논설은 알타이제어의 친족관계 증명에 있어서 가장 취약점인 수사의 불일치를 극복할 수 있는 예가 되어 주목을 끌었다. 즉, 新村出(1916)에서『삼국사기』「地理志」에서 추출한 고구려 어휘 가운데 '3, 5, 7, 10'을 나타내는 수사가 고대일본어의 수사와 일치함을 들어 일본어와 고구려어의 상호관계를 매우 긴밀한 것으로 인정하였다. 이 자료는 많은 한국어와 일본어의 친족관계를 주장하는 학자들에 의해서 여러 번 재인용되었다.

그러나 홍기문(1963), 김영황(1978), 김수경(1989) 등에서는 고구려어의 수사에 대한 기왕의 연구가 믿을 수 없는 사실로 비판하고 고구려어와 일본어의 친족관계를 부정하고 있다. 현재로서는 고구려어와 일본어가 동일계통의 언어인가 아닌가는 밝혀지지 않았다. 그러나 韓半島와 古代 日本列島와는 많은 인적 교류가 있었고 적지 않은 차용어가 일본어에 유입되었을 것으로 추정된다.43)

---

42) 고구려어와 고대일본어에서 유사한 몇개의 어휘를 예로 들어 보면. 다음과 같다.

고구려어	고대일본어
谷 *tan, *tuan(旦, 呑, 頓)	tani
兎 *usaxam(烏斯含)	usagi
鉛 *namər(乃勿)	namari
三 *mir(密)	mi
五 *üc(于次)	itu
七 *nanən(難隱)	nana
十 *tək(德)	töwo

43) 古代에 韓半島와 日本列島와의 교류가 적지 않았음은 여러 가지 역사적 자료가 증언한다. 필자의 조사에 의하면 신라의 讀書三品出身科와 일본 平安時代의 三第選考 방식, 그리고 高麗初期의 科擧制度의 各科 出題書와 일본 平安時代의 敎育科目은 서로 매우 유사하다. 이것은 이 시대에 얼마나 많은 制度의 교류가 있었는가를 말하고 있다. 정광(1990) 참조.

5. 結語

이상 한국어의 형성에 대하여 다른 시각에서 고찰하였다. 종전에는 分岐論을 중심으로 하였으나 여기서는 統合說에 근거를 두고 고구려어를 대표로 하는 북방계 여러 언어와 신라어를 중심으로 하는 남방계 여러 언어가 고려시대에 중세한국어로 통합되었다고 주장하였다. 그동안 한국어의 형성에 대한 연구는 고구려어에 대한 지식이 결여되어 신라어만을 고대한국어로 보고 그로부터 중세어가 발달한 것으로 기술하였던 것과는 시각을 달리 한 것이다.

고구려어와 신라어는 동일 어족으로 분류할 수 있을 만큼 서로 유사하지만 삼국시대에는 별개의 언어였다는 정광(2011)의 주장이 있었다. 다만 고구려의 故土였던 고려의 수도 開城 주변의 고구려어는 200여년동안 이어진 통일신라시대에 이미 신라어에 흡수되었고 따라서 중세한국어는 신라어를 근간으로 하여 형성된 것으로 보았다. 따라서 중세한국에는 고구려어가 底層(substratum)으로 남아있을 뿐이라는 이기문(1972)의 주장을 다른 시각에서 고찰하고 동의한 것이다.

<참고文献>

강길운(1977), 「백제어의 계통론 I」, 『백제연구』 제8집(1977), 서울.

＿＿＿(1978), 「백제어의 계통론 II」, 『백제연구』 제9집(1978), 서울.

＿＿＿(1983), 「한국어와 길약어는 동계이다 I」, 『한글』 제182호(1983), 서울.

＿＿＿(1988), 『한국어계통론-개설·문법비교론-』, 서울: 형설출판사, 1988.1.

＿＿＿(1993), 『國語史精說』, 서울: 형설출판사.

김방한(1976), 「한국어 계통연구의 문제점」, 『언어학』 제1호(1976), 서울.

＿＿＿(1980), 「한국어계통연구서설」, 『동아문화』 제17집(1980), 서울.

＿＿＿(1983), 『한국어의 계통』, 서울: 민음사(일역: 『韓国語の系統』, 1985, 東京: 三一書房).

김병제(1959), 『조선방언학 개요』, 평양: 북한 과학원출판사.

＿＿＿(1961), 「조선민족어의 형성에 관하여」, 『조선어학』 제3호(1961.8), 평양, pp.37-43.

김수경(1989), 『세나라시기 언어력사에 관한 남조선학계의 견해에 대한 비판적 고찰』, 평양: 평양출판사.

김영황(1978), 『조선민족어 발전력사연구』, 평양: 과학백과사전출판사.

＿＿＿(1989), 『조선어 발달사』, 평양: 김일성대학출판사.

김완진(1967), 「한국어발달사(음운사)」, 『한국문화사대계』 V(언어·문학사), 서울: 高麗大學校 民族 文化研究所.

김윤경(1938), 『朝鮮文字及語學史』, 서울: 조선기념도서출판관.

김정배(2006), 「삼국시대와 동아시아」, 『한국고대사 입문 2』, 서울: 도서출판 신서원.

김형규(1962), 『국어사연구』, 서울: 일조각.

＿＿＿(1975), 『국어사개요』, 서울: 일조각.

도수희(1984), 『百濟語 研究』, 서울: 弘文閣.

＿＿＿(2005), 『百濟語 研究』, 서울: 제이앤씨.

류 렬(1982), 「우리말이 걸어온 력사(4);고구려, 백제, 신라는 글자생활도 같이하여왔다」, 『문화어학습』 2호(1982.4), 평양, pp.13-15.

＿＿＿(1983), 『세나라시기의 리두에 대한 연구 -사람·벼슬·고장 이름의 표기를 통하여』, 평양: 과학·백과사전출판사.

박병채(1968), 「고대삼국의 지명어휘고」, 『백산학보』 5호, 서울.

＿＿＿(1971), 『고대국어학 연구』, 서울: 고대 민족문화연구소.

송 민(1969), 「한일 양국어 비교연구사」, 『논문집』(성심여대) 제1호.

안병호(1982), 『조선어발달사』, 瀋陽: 료녕인민출판사.

이기문(1961), 『國語史槪說』, 서울: 民衆書館, 개정판(1972).

＿＿＿(1967), 「韓國語形成史」, 『韓國文化史大系 V』, 言語文學史(上). 19-112. 서울:

高麗大學校 民族 文化硏究所.
_____(1968), 「고구려의 언어와 그 특징」, 『백산학보』 제4호, 서울.
_____(1972), 『국어사개설』(개정판), 서울: 민중서관·탑출판사.
_____(1973), 「한국말의 조상」, 『월간중앙』 3호, 서울.
_____(1975), 「한국어와 알타이제어의 비교연구」, 『광복 30주년기념 종합학술회의 논문집』(대한민국학술원), 서울.
_____(1980), 「언어학적 측면에서 본 한민족의 기원」, 『민족문화의 원류』, 서울.
이숭녕(1950), 「우랄-알타이어의 공통특질고」, 『어문』 2-1(1950.1), 서울.
_____(1967), 「한국방언사」, 『한국문화사대계』 V(언어·문학사), 서울.
정　광(1990), 『조선조 역과 시권연구』, 서울: 성균관대학교 대동문화연구원.
_____(1991), 「비교연구; 국어와 일본어」, 『국어연구 어디까지 왔나』, 서울대학교대학원 국어연구회 편, 서울: 동아출판사.
_____(1997), 「한국어의 형성과정」, 국어사연구회 편, 『國語史硏究』(전광현·송민 화갑기념논문집, 태학사), pp.175-210.
_____(2006), 「폴리봐노프의 생애와 학문-한국어 계통연구를 중심으로」, 『국어학논총』(이병근선생 퇴임기념), pp.1439-1463.
_____(2008). 「언어의 분기(divergence)와 통합(convergence)」, 서울대학교 대학원 국어연구회 편, 『이숭녕, 현대국어학의 개척자』(심악 이숭녕 선생 탄신 100주년 기념논집), pp.815-840.
_____(2011), 『삼국시대 한반도의 언어 연구』, 서울: 박문사.
정광 역(2004), 「포리봐노프의 한국어와 알타이제어의 친족 관계」, 『한국어학』(한국어학회) 제24호, pp.355-378(공역: 허승철).
정광 외(2015), 『한국어의 좌표 찾기-계통론과 유형론을 넘어서』, 가천대학교 아시아문화연구소, 아시아학술연구 총서 6, 서울: 역락.
조재훈(1973), 「백제어언 연구 서설」, 『백제문화』 제6집(1973.12), 서울.
홍기문(1957), 『리두연구』, 평양: 과학원출판사.
_____(1963), 「삼국시대의 지명과 조선어의 계통문제」, 『조선어학』 4호(1963.11), 평양, pp.52-끝.

<저자명의 알파벳순>
Aalto(1975), Penti Aalto, "Ramstedt and Altaic Linguistics", *Central Asiatic Journal*, 14-3.
_____(1982), "Proposals Concerning the Affinities of Korean", *MSFOu*, 181, Helsinki.
Aston(1879), W. G. Aston, "A Comparative study of the Japanese and Korean Languages", *The Journal of the Royal Asiatic Society of Great Britain*

and Ireland, XI, 3.

Beckwith(2000), C. I. Beckwith: The Japanese-Koguryoic Family of Languages and the Chinese Mainland. Paper presented at the Association for Asian studies, San Diego.

_____(2004), *Koguryo-The Language of Japan's Continental Relatives*, Brill, Leiden-Boston. 정광 역(2006), 『고구려어-일본을 대륙과 연결해 주는 언어』, 서울: 고구려재단.

Bloomfield(1935), Leonard Bloomfield: *Language*, London.

Cannon(1990), G. Cannon: *The Life and Mind of Oriental Jones.* Cambridge: Cambridge Univ. Press.

Castrén(1857), Dr. M. A Castrén, *Versuch einer koibalischen und karagassischen Sprachleher nebst Wörterverzeichnissen aus den tatarischen Mundarten des Minussinschen Kreises*, St. Petersburg.

Clark(1977), Larry V. Clark: "*Mongol Elements in Old Turkic?*": *Journal de la Société Finno-Ougrienne* 75: pp.110-168.

Clauson(1969), Sir Gerard Clauson: "A Lexicostatistical Appraisal of the Altaic Theory", *Central Asiatic Journal* 13: pp.1-23.

_____(1972), *An Etymological Dictionary of Pre-Thirteenth Century Turkish.* Oxford: Clarendon Press.

Collinder(1952), Björn Collinder, "Ural-Altaisch", *UAJ* 24, pp.1-26.

Dallet(1874), Ch. Dallet, *Histoir de l'église de Corée*, Paris.

Doerfer(1963), Gerhard Doerfer: *Türkische und mongolische Elemente im Neupersischen, unterbesonderer Berücksichtigung älterer neupersischer Geschichtsquelle n, vor allem der Mongolen- und Timuridenzeit.* Wiesbaden: F. Steiner.

Edkins(1887), Joseph Edkins, "Connection of Japanese with the adjacent continental languages", *Transactions of the Asiatic Society of Japan*, XV.

_____(1895), "Relationship of the Tartar languages", *The Korean Repository*, III, 11.

Gabelentz(1892), G. von der Gabelentz, "Zur Beurtheilung des Koreanischen Schrift und Lautwesens", *Sitzungsberichte der Königlich Preussischen Akademie der Wissenschaften zu Berlin.*

Hulbert(1905), H. B. Hulbert, *A Comparative Grammmar of the Korean Language and the Dravidian Dialects in India*, Seoul.

Johanson & Robbeets(2009), Lars Johanson and Martine Robbeets, eds. *Transeurasian verbal morphology in a comparative perspective : genealogy, contact, chance*, (Turcologica 78), Wiesbaden, Harassowitz, 1-5.

Jakobson(1962), R. Jakobson, "Sur la théorie des affinites phonologiques entre les langue", *Selected Writings* I, Phonological Studies, The Hague.

Jones(1799), Sir W. Jones: Third anniversary discourse. In: Jones Lady A (ed.) *The Works of Sir William Jones*, vol.1 G. G. and J. Robinson, London.

Koppelmann(1933), H. Koppelmconn *Die Eurasische Sprachfamilie-Indogermanisch, Koreannisch und Verwandtes-,* Carl Winters Universität- sbuchhandlung, 1933, Heidelberg.

Leont'ev(1974), A. A. Leont'ev compiled: *E. D. Polivanov Selected Works-Articles on General Linguistics,* The Hague Paris: Mouton.

Meillet(1922), Antoine Meillet: *Introduction à L'Étude Comparative des Langues Indo- Européennes,* Paris, 페이지 수는 Septième édition(1934)의 알라바마 대학 출판부 복사본(1964), 그리고 실제 참고는 Univ. of Alabama Press의 second printing(1966)에 의거함.

Müller(1855), Max Müller: *The Languages of the Seat of War in the East, With a Survey of Three Families of Languages, Semitic, Arian, and Turanian,* London-Edinburgh-Leipzig.

_____(1869), *Essays* I, Leipzig.

Parker(1886), Edward H. Parker, "Chinese, Corean and Japanese", The China Review, XIV, 4.

Pisani(1966), P. Pisani: *Entstehung von Einzelsprachen aus Sprachbünden,* Kratylos.

Polivanov(1927), E. D. Polivanov, "K voprosu o rodstvennix otnoseniyax koreiskogo I 'altaiskix' yazikov", *IAN SSSR,* 정광 역(2004).

Poppe(1950), N. Poppe, "Review of G.J.Ramstedt's 'Studies in Korean Etymology'", *Harvard Journal of Asiatic Studies* 3.4.

_____(1960), *Vergleichende grammatik der altaischen Sprachen,* Wiesbaden: Otto Harrassowitz.

_____(1965), *Introduction to Altaic Linguistics,* Wiesbaden: Otto Harrassowitz.

Ramstedt(1926), G. J. Ramstedt, "Two Words of Korean-Japanese", *JSFOu* 55(1926), Helsinki.

_____(1928), "Remarks on the Korean Language", *MSFOu* 58.

_____(1939), *A Korean Grammar,* MSFOu 82, Helsinki.

_____(1949), *Studies in Korean Etymology,* MSFOu 95, Helsinki.

_____(1952), *Einführung in die altaische Sprachwissenschaft,* II. Formenlehre,

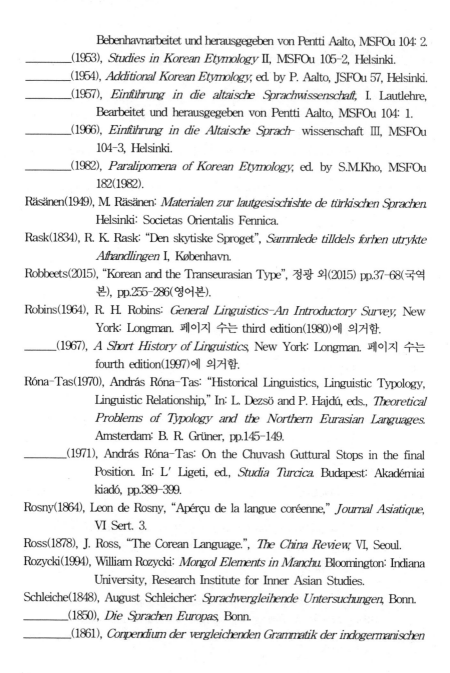

Bebenhavnarbeitet und herausgegeben von Pentti Aalto, MSFOu 104: 2.

_____(1953), *Studies in Korean Etymology* II, MSFOu 105-2, Helsinki.

_____(1954), *Additional Korean Etymology*, ed. by P. Aalto, JSFOu 57, Helsinki.

_____(1957), *Einführung in die altaische Sprachwissenschaft*, I. Lautlehre, Bearbeitet und herausgegeben von Pentti Aalto, MSFOu 104: 1.

_____(1966), *Einführung in die Altaische Sprach-* wissenschaft III, MSFOu 104-3, Helsinki.

_____(1982), *Paralipomena of Korean Etymology*, ed. by S.M.Kho, MSFOu 182(1982).

Räsänen(1949), M. Räsänen: *Materialen zur lautgesischishte de türkischen Sprachen.* Helsinki: Societas Orientalis Fennica.

Rask(1834), R. K. Rask: "Den skytiske Sproget", *Sammlede tilldels forhen utrykte Afhandlingen* I, København.

Robbeets(2015), "Korean and the Transeurasian Type", 정광 외(2015) pp.37-68(국역 본), pp.255-286(영어본).

Robins(1964), R. H. Robins: *General Linguistics-An Introductory Survey*, New York: Longman. 페이지 수는 third edition(1980)에 의거함.

_____(1967), *A Short History of Linguistics*, New York: Longman. 페이지 수는 fourth edition(1997)에 의거함.

Róna-Tas(1970), András Róna-Tas: "Historical Linguistics, Linguistic Typology, Linguistic Relationship," In: L. Dezsö and P. Hajdú, eds., *Theoretical Problems of Typology and the Northern Eurasian Languages.* Amsterdam: B. R. Grüner, pp.145-149.

_____(1971), András Róna-Tas: On the Chuvash Guttural Stops in the final Position. In: L' Ligeti, ed., *Studia Turcica.* Budapest: Akadémiai kiadó, pp.389-399.

Rosny(1864), Leon de Rosny, "Aperçu de la langue coréenne," *Journal Asiatique*, VI Sert. 3.

Ross(1878), J. Ross, "The Corean Language.", *The China Review*, VI, Seoul.

Rozycki(1994), William Rozycki: *Mongol Elements in Manchu.* Bloomington: Indiana University, Research Institute for Inner Asian Studies.

Schleiche(1848), August Schleicher: *Sprachvergleihende Untersuchungen*, Bonn.

_____(1850), *Die Sprachen Europas*, Bonn.

_____(1861), *Conpendium der vergleichenden Grammatik der indogermanischen*

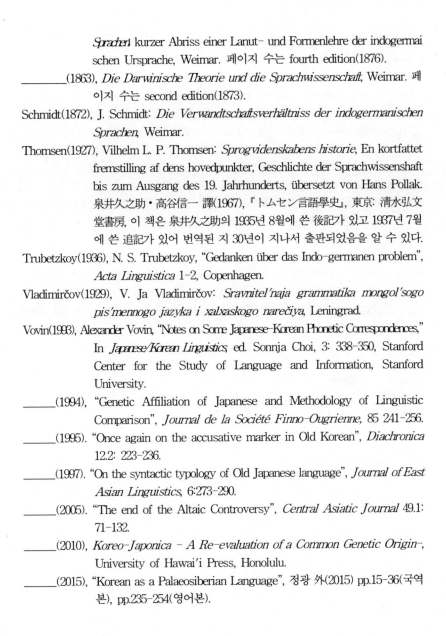

Sprachen, kurzer Abriss einer Lanut- und Formenlehre der indogermai schen Ursprache, Weimar. 페이지 수는 fourth edition(1876).

_____(1863), *Die Darwinische Theorie und die Sprachwissenschaft*, Weimar. 페이지 수는 second edition(1873).

Schmidt(1872), J. Schmidt: *Die Verwandtschaftsverhältniss der indogermanischen Sprachen*, Weimar.

Thomsen(1927), Vilhelm L. P. Thomsen: *Sprogvidenskabens historie*, En kortfattet fremstilling af dens hovedpunkter, Geschlichte der Sprachwissenshaft bis zum Ausgang des 19. Jahrhunderts, übersetzt von Hans Pollak. 泉井久之助・高谷信一 譯(1967), 『トムセン言語學史』, 東京: 清水弘文堂書房, 이 책은 泉井久之助의 1935년 8월에 쓴 後記가 있고 1937년 7월에 쓴 追記가 있어 번역된 지 30년이 지나서 출판되었음을 알 수 있다.

Trubetzkoy(1936), N. S. Trubetzkoy, "Gedanken über das Indo-germanen problem", *Acta Linguistica* 1-2, Copenhagen.

Vladimirčov(1929), V. Ja Vladimirčov: *Sravnitel'naja grammatika mongol'sogo pis'mennogo jazyka i xalxaskogo narečïya*, Leningrad.

Vovin(1993), Alexander Vovin, "Notes on Some Japanese-Korean Phonetic Correspondences," In *Japanese/Korean Linguistics*, ed. Sonnja Choi, 3: 338-350, Stanford Center for the Study of Language and Information, Stanford University.

_____(1994), "Genetic Affiliation of Japanese and Methodology of Linguistic Comparison", *Journal de la Société Finno-Ougrienne,* 85 241-256.

_____(1995). "Once again on the accusative marker in Old Korean", *Diachronica* 12.2: 223-236.

_____(1997). "On the syntactic typology of Old Japanese language", *Journal of East Asian Linguistics,* 6:273-290.

_____(2005). "The end of the Altaic Controversy", *Central Asiatic Journal* 49.1: 71-132.

_____(2010), *Koreo-Japonica - A Re-evaluation of a Common Genetic Origin-*, University of Hawai'i Press, Honolulu.

_____(2015), "Korean as a Palaeosiberian Language", 정광 外(2015) pp.15-36(국역본), pp.235-254(영어본).

<일본 저자명의 가나 五十音圖순>

小倉進平(1940), 『朝鮮語學史』, 東京:刀江書院.

大野晋(1957), 『日本語の起源』 岩波新書 289, 東京:岩波書店.

河野六郎(1945), 『朝鮮方言學試攷』, 京城:東都書店.

白鳥庫吉(1897), 「日本書記に見える朝鮮語の解釋」, 『史學雜誌』 第8編 第6號(1897), 東京.

_____(1914-1916), 「朝鮮語とUral-Altai語との比較研究」, 『國學院雜誌』 4-2.3.5(1914),
        5-1.2.3.(1915), 6-2.3(1916), 『白鳥庫吉全集』에 재록됨. 東京.

_____(1915), 「言語上より觀たる朝鮮人種」, 『人類學雜誌』 30-8, 東京.

_____(1970), 『白鳥庫吉全集/朝鮮史研究』, 東京:岩波書店.

新村出(1916), "國語及び朝鮮語の數詞に就いて,"『藝文』 第7卷 第2, 4號, 1916.『東方言
        語史叢考』, 東京: 岩波書店, 1927, pp.1-30에 재수록.

服部四郎(1948), 「日本語と琉球語・朝鮮語・アルタイ語との親族關係」, 『民族學研究』
        13-2, 『日本語の系統』, 東京.

村山七郎(1962), 「高句麗語資料および若干の日本語と高句麗語音韻對應」, 『言語研究』
        (日本言語學會) 42, pp.66-72.

_____(1963), 「高句麗語と日本語との關係に關する考察」, 『朝鮮學報』(일본 朝鮮學會)
        제26호.

□ 성명 : 정광(鄭光)
   주소 : 서울시 노원구 한글비석로 8길 20, 104-1402
   전화 : 02-939-5938
   전자우편 : kchung9@hanmail.net

□ 이 논문은 2017년 10월 30일 투고되어
        2017년 11월 15일부터 11월 30일까지 심사하고
        2017년 12월 10일 편집회의에서 게재 결정되었음.

行瑫製『內典隨函音疏 三百七』의 音注 研究

權仁瀚

(韓國, 成均館大)

<Abstract>

本文根據京都國立博物館所藏之行瑫(895-956)《內典隨函音疏 三百七》的注音資料, 對10世紀五代音進行考察。在此之前, 首先對這些注音資料進行全面調查, 依照韓國漢字音的順序予以整理、排列, 然後再針對其中四十二個與中古音系不一致的例子, 整理出行瑫音疏的特徵, 並考察其在漢語音韻史上的意義。

行瑫音疏的主要特徵大致如下。第一, 在聲母方面, 輕脣音系列獨立, 根據同一聲符類推的讀音較爲發達, 而濁音清化也可能根據發音部位的不同而在變化速度上有所區別。第二, 在韻母方面, 大部分的例子均符合現階段所提及的唐·五代西北方音特徵, 如：皆·佳韻合流, 脂·支·之韻合流, 咸·銜韻合流, 仙·元·山·刪韻合流, 耕·庚、庚·清、青·清韻合流, 狎·洽韻合流以及麥·陌韻合流等。此外, 還有一些例子足以證明類推讀音的發達, 另一些例子則反映了宋代語音的特徵。第三, 在聲調方面, 存在著各種錯綜複雜的聲調注音之例, 也有較爲發達的類推讀音, 同時還能找到一些在特定語境中指定使用的讀音。

綜上所述, 行瑫的音疏在10世紀五代音的研究上相當有價值, 在漢語音韻史上也堪稱別具意義。

Key Words：行瑫,『內典隨函音疏 三百七』, 反切, 直音注, 10世紀 五代音

1. 序論

本稿는 京都國立博物館藏『內典隨函音疏 三百七』([사진1] 참조, 以下 '이 자료'로 줄임)의 音注 資料를 중심으로 10世紀 漢音(=五代音)에 대한 考察을 目標로 한 것이다.

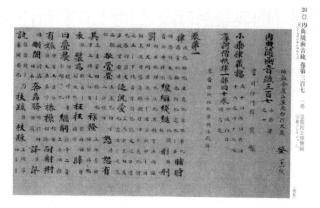

[사진1] 『內典隨函音疏』307의 卷首<『古寫經展』, p.52>

京都國立博物館(이하 필요시 '京博'으로 줄임) 측의 解說[1])에 따르면, 이 자료
는 浙江省 湖州長城人 行瑫(895~956)가『摩訶僧祇律』40권 중 최초 10권에 대
하여 찬술한 音義이다.『宋高僧傳』권25 所載「周會稽郡大善寺行瑫傳」[2])에 行瑫
가 여러 책들을 열람하여 經論을 깊게 하기에는 관련 音疏들이 粗略할 뿐만
아니라 慧琳撰『一切經音義』100권마저 세상에 전해지지 않음을 慨歎하여 마침

1) 重要文化財 內典隨函音疏卷第三百七 北宋 1卷 高 31.9cm 長 638.1cm
   B甲234這是浙江湖州的行瑫(891~952, ※當作 895~956; 각주 2) 참조)所撰, 有關《摩訶僧
   祇律》四十卷之前十卷的音義。所謂的音義, 是就難解的漢字之字音與字義加以加注之
   書。首題右側記有「海塩今栗山廣惠禪院大藏」, 可知這是浙江省海塩縣金栗山廣惠禪院之
   抄本大藏經其中一卷。從用紙與用筆偏肥來看, 可推測為中國北宋時代所書。《宋高僧
   傳》卷二十五記有「周會稽郡大善寺行瑫傳」, 根據本傳記載。由於行瑫閱覽群書以求經文
   之論, 但發現有關漢字字音字義的解說都過於粗略, 加上以往琳所做的《一切經音義》
   百卷已不傳於世, 因此發憤撰述大藏經音疏五百卷。這卷《內典隨函音疏卷第三百七》應
   該也是大藏經音疏之其一卷。<KNM Gallery_k-gallery.jp 사이트에서 인용>
2) 釋行瑫。姓陳氏。湖州長城人也。…… 唐天祐二年(905)依光遠師求于剃染。年十有二誦
   法華經。…… 尋於餘杭龍興寺受滿足戒。…… 後唐天成中(926~930)寓于越樂若耶山
   水。披覽大藏教。服枲麻之衣。慕道俗置看經道場。於寺之西北隅構樓閣堂宇。蔚成別
   院。供四方僧曾無匱乏。以顯德三年壬子(956)秋七月示疾終于此院。報齡六十二。法臘
   四十四。…… 亦覽群書旁探經論。慨其郭迻音義疎略慧琳『音義』不傳。遂述『大藏經音
   疏』五百許卷。今行于江浙左右僧坊。然其短者不宜稱疏。若言疏可以疏通一藏經。瑫
   便過惄恩百本幾倍矣。其耿介持律。古之高邁也矣。<The SAT Daizōkyō text
   Database_21dzk.l.u-tokyo.ac.jp/SAT 사이트에서 인용>

내『大藏經音疏』500여 권을 찬술한 것으로 나와 있는데, 이 자료도 그 일부에 해당하는 것으로 인정되고 있다.

따라서 이 자료의 찬술 연대는 10세기 초·중반의 五代期에 該當된다고 할 것이다. 다만, 현재 모리야守屋 콜렉션(B甲234)의 하나로 京博에 소장되어 있는『內典隨函音疏 三百七』은 그 卷首에 "海塩金粟山廣惠禪院大藏 登一十一紙"로 기록되어 있는 것으로 보아 11세기 후반에 조성된 寫本으로 판단된다. 그 근거는 소위 "金粟山大藏經"이 쓰여진 종이가 두꺼운 黃繭紙로서 宋代 熙寧~元豊 年間(1068~1085)에 蘇州에서 제작된 것으로 알려져 있기 때문이다(百度百科 "金粟山大藏經" 항목 참조).

[사진1]에서 보듯이 이 자료는 大字로 된 標題項 아래에 문제되는 漢字들의 形·音·義에 관한 각종 정보가 小字 雙行 夾註 속에 기록되어 있다. 이러한 협주에 나타나는 反切[某某切] 또는 直音注[某音]의 자료에 초점을 맞추어 10世紀 五代音의 特徵에 대한 考察을 하려는 것이 본고의 주요 논의 내용이 된다.

필자가 이 자료에 관심을 가지게 된 것은 그 撰述年代가 韓國漢字音의 母胎 期로 判斷되는 唐-五代期와 部分的으로 겹치고 있기 때문이다(權仁瀚 1997: 288-294 참조). 이에 대한 자료 조사는 京博의 赤尾榮慶 前 실장님의 특별한 배려 속에 두 차례에 걸쳐 이루어진 바 있다. 1차 조사는 2010년 7월 29~30일 에([사진2] 참조), 2차 조사는 2013년 1월 25~26일에 있었다. 당시 新羅寫經 연구팀(책임연구원: 鄭在永 교수)의 일원으로 京博 방문 시에 「法藏和尚傳」에 이어서 살펴본 중국 자료였음을 밝혀둔다(이 자료 조사에 대한 자세한 소개는

[사진2] 資料 調査 場面(2010년 7월 29일)

權仁瀚 2015: 398-400을 참조).

지금까지의 漢語音韻史 논의에서는 이 자료에 대한 관심이 그리 높지 않았던 듯하다. 필자의 寡聞인지 모르나, 이 자료에 대한 논의로는 高田時雄(1994, 2010, 2012)가 거의 전부가 아닌가 한다. 특히 高田(1994)에서는 可洪 隨函錄과 그 敦煌本에 대한 소개, 行瑫 隨函音疏의 現傳 零本에 대한 소개 및 中算『妙法蓮華經釋文』, 慧晃『枳橘易土集』에 引用되어 있는 佚文의 정리, 그리고 可洪·行瑫의 反切 比較表를 작성하여 10세기 漢語 音韻 狀態를 反映하는 資料로서의 可能性을 打診하는 등 이 자료에 대한 全般的인 硏究를 行한 바 있고, 사실상 이 자료에 대한 最高의 硏究 成果로 評價하여도 전혀 부족함이 없다고 할 것이다. 다만, 行瑫 音義에 대한 全數 調査가 아닌 점에서 약간의 未備點도 없지 않음을 본고를 작성하게 된 출발점으로 삼았음을 밝혀둔다. 본고는 이러한 硏究 狀況을 念頭에 두고서 이 자료에 실려 있는 全體 音注에 대한 調査 結果를 整理한 후, 이를 바탕으로 그 漢語音韻史的 意義에 대해서도 論議하고자 한다.

2. 資料의 蒐集과 整理

本章에서는 다음과 같은 원칙에 따라 이 자료의 音注 資料들을 입력한 후 韓國漢字音 順으로 정리할 것이다.

① 모든 항목은 '標題字[文脈]<出典>[Tab]行瑫 音注[Tab]中古音[Tab]備考'로 구성된다. [文脈]은 大字로 된 標題項 속에서 2~3자로 된 經文을 제시함을 원칙으로 하되, 異體字의 連續인 標題項의 경우는 컴퓨터로 입력 가능한 異體字들에 밑줄을 쳐서 제시한 것이다. <出典>은 '卷次: 行數'로 표시하며, 그 뒤에 '*' 표시한 것은 다카다(1994)의 反切表에서 누락된 항목임을 뜻한다.

② '行瑫 音疏' 및 '中古音'(=『廣韻』의 反切 基準, 他 韻書 反切은 脚註로 表示) 뒤에는 [聲調·韻母·聲母]로 구성된 簡略 中古音 情報를 덧붙임으로써 兩者間의

同音性 對照에 便宜를 提供한다. 中古音 情報는 주로『漢語大詞典』에 依據하되, 여기에 未收錄된 글자에 대해서는『中文大辭典: 普及本』및 "小學堂 韻書集成" Homepage(xiaoxue.iis.sinica.edu.tw/yunshu)에 依據하여 補充한 것이다. 또한 中古音欄에서 脚註로 덧붙인 反切은『漢語大詞典』에서 同意異音으로 처리된 것들임을 밝혀둔다.

③ 備考欄 略號
'=': '行瑫 音疏'와 中古音系가 일치하는 경우
'≡1': 反切 上·下字 一致例, '=2': 反切上字만 一致例,
'=3': 反切下字만 一致例, '=4': 反切 上·下字 不一致例

'≠': '行瑫 音疏'와 中古音系가 불일치하는 경우
'≠I': 聲母 不一致例, '≠V': 韻母 不一致例, '≠T': 聲調 不一致例

'/': '行瑫 音疏'에 보이는 又音例 表示
'#': '行瑫 音疏'에서 非反切注 項目임을 表示
'+': 中古音 資料에서 찾을 수 없는 音임을 表示
<『內典隨函音疏 三百七』音注 資料 集成(가나다 順)>

標題字[文脈]<出典>	行瑫 音注	中古音	備考
珂[珂貝]<一: 16>	可何切[平歌溪]	苦何切[平歌溪]	=3
佳[悉佳]*<六: 12>	古涯切[平佳見]	古膎切[平佳見][3]	=2
架[瓠蔓架]<八: 9>	嫁音[去禡見]	古訝切[去禡見]	=4#
覺[實覺]*<六: 12>	交効切[去效見]	古孝切[去效見]	=4
薑[薑句]<三: 13>	几强切[平陽見]	居良切[平陽見]	=4
穅[穅穬]<二: 12>	苦剛切[平唐溪]	苦岡切[平唐溪]	=2
巠[酪巠]*<十: 18-19>	下江切[平江匣]	胡江切[平江匣][4]	=3

---

3) 又居牙切[平麻見]<『集韻』>
4) 『集韻』의 反切

標題字[文脈]<出典>	行瑠 音注	中古音	備考
疥[疥癬]<六: 14>	介音[去怪見]	古拜切[去怪見]	=4#
漑[有漑]*<三: 33>	旣音[去未見]	居氣切[去未見]	=4#
	/又改愛切[去代見]	古代切[去代見]5)	=4
秔[秔米]*<二: 11>	哽莖切[平耕見]	古行切[平庚見]	≠V
坑[坑岸]*<十: 4>	苦耕切[平耕溪]	客庚切[平庚溪]	≠V
筥[竹筥]<三: 26>	擧音[上語見]	居許切[上語見]	=4#
	/又語音[上語疑]	---	/+#
褰[褰衣]*<四: 26>	去虔切[平仙溪]	去乾切[平仙溪]	=2
鍵[鍵鎈]<三: 19>	巨言切[去願羣]	其偃切[上阮羣]6)	≠T
摕[摕手]<九: 22>	張革切[入麥知]	陟格切[入陌知]	≠V
挌[挌賊]*<九: 5>	古額切[入陌見]	古伯切[入陌見]7)	=2
激[機激]<四: 7-8>	古的切[入錫見]	古歷切[入錫見]	=2
羂[網羂]*<一: 13>	決犬切[上銑見]	姑泫切[上銑見]8)	=4
繭[着繭]<九: 15>	姑典切[上銑見]	古典切[上銑見]	=3
勁[堅勁]<三: 46-47>	居政切[去勁見]	居正切[去勁見]	=2
警[警宿]<七: 11-12>	居影切[上梗見]	居影切[上梗見]	≡1
繼[繼嗣]*<一: 9>	計音[去霽見]	古詣切[去霽見]	=4#
劂[錦劂]*<五: 9>	居例切[去祭見]	居例切[去祭見]	≡1
拷[拷掠]*<二: 19>	枯皓切[上皓溪]	苦浩切[上皓溪]	=4
羖[羖羝]*<三: 15>	古音[上姥見]	公戶切[上姥見]	=4#
羖[羖子]<四: 20>	古音[上姥見]	公戶切[上姥見]	=4#
羔[羔子]<四: 20>	高音[平豪見]	古勞切[平豪見]	=4#
篙[篙摘]<三: 36>	高音[平豪見]	古勞切[平豪見]	=4#
酤[酤酒]*<二: 15>	故音[去暮見]	古暮切[去暮見]9)	=4#
呥[呥耳]<七: 6>	角音[入覺見]	古祿切[入屋見]10)	≠V#
鵠[鶴鵠]<七: 10>	胡沃切[入沃匣]	胡沃切[入沃匣]	≡1

---

5) 又戶代切[去代匣]<『集韻』>
6) 又其輦切[上獮羣]<『廣韻』>/渠焉切[平仙羣]<『廣韻』>
7) 又盧各切[入鐸來]<『廣韻』>
8) 又古縣切[去霰見]<『廣韻』>
9) 又古胡切[平模見]<『廣韻』>/侯古切[上姥匣]<『廣韻』>
10) 『集韻』의 反切

標題字[文脈]<出典>	行瑫 音注	中古音	備考
串[串其]<六: 19>	古患切[去諫見]	古患切[去諫見]	≡1
	/又幻音[去襉匣]	胡慣切[去諫匣]11)	/≠V#
瓜[瓜]*<一: 28>	古花切[平麻見]	古華切[平麻見]	=2
誇[誇說]*<四: 23>	苦瓜切[平麻溪]	苦瓜切[平麻溪]	≡1
誇[誇說]*<六: 6-7>	苦瓜切[平麻溪]	苦瓜切[平麻溪]	≡1
裸[襆裸]<十: 5>	古臥切[去過見]	古臥切[去過見]	≡1
	/又果音[上果見]	/古火切[上果見]	/=4#
罐[澡罐]*<三: 22>	貫音[去換見]	古玩切[去換見]	=4#
罐[罐堯]*<五: 8>	古玩切[去換見]	古玩切[去換見]	≡1
鑛[鑛州]*<三: 28>	古猛切[上梗見]	古猛切[上梗見]	≡1
桄[桄梯]<六: 16>	光音[平唐見]	古黃切[平唐見]	=4#
尪[尪尪]*<一: 8>	於往切[上養影]	紆往切[上養影]	=3
筐[着筐]*<三: 39>	匡音[平陽溪]	去王切[平陽溪]	=4#
齩[試齩]*<三: 1>	五絞切[上巧疑]	五巧切[上巧疑]	=2
苟[苟得]*<二: 9>	鉤后切[上厚見]	古厚切[上厚見]	=4
扣[扣瓮]<七: 5-6>	口音[上厚溪]	苦后切[上厚溪]	=4#
	/又去聲	苦候切[去候溪]	/=4
臼[臼函]<三: 25-26>	求久切[上有羣]	其九切[上有羣]	=4
咎[咎釁]<一: 6>	求九切[上有羣]	其九切[上有羣]	=3
廄[闌廄]*<二: 6-7>	救音[去宥見]	居祐切[去宥見]	=4#
傴[僂傴]*<十: 18>	於羽切[上麌影]	於武切[上麌影]	=2
鉤[戶鉤]*<八: 9>	垢侯切[平侯見]	古侯切[平侯見]	=3
絇[絇紐]<九: 18-19>	其俱切[平虞羣]	其俱切[平虞羣]	≡1
	/又俱遇切[去遇見]	九遇切[去遇見]	/=3
國瓜[國瓜王]<四: 16-17>	古麥切[入麥見]	---	≠+
券[書券]<二: 15>	丘眷切[去線溪]	去願切[去願溪]	≠V
橛[橛]<十: 5>	其月切[入月羣]	其月切[入月羣]	≡1
櫃[檻櫃]<十: 6>	求位切[去至羣]	求位切[去至羣]	≡1
汲[汲水]*<五: 8-9>	急音[入緝見]	居立切[入緝見]	=4#
機[機激]<四: 7-8>	居衣切[平微見]	居依切[平微見]	=2
羈[籠羈]<一: 14-15>	居宜切[平支見]	居宜切[平支見]	≡1

---

11) 『集韻』의 反切

標題字[文脈]<出典>	行瑫 音注	中古音	備考
璣[珠璣]*<五: 11-12>	居祈切[平微見]	居依切[平微見]	=2
趈[趑趄]<六: 22>	居列切[入薛見]	居列切[入薛見]	≡1
	/又居逸切[入質見]	居質切[入質見]	=2
囊[絡囊]*<三: 19-20>	奴郎切[平唐泥]	奴當切[平唐泥]	=2
恬[恬精]*<八: 5>	徒兼切[平添定]	徒兼切[平添定]	≡1
羺[羺羊]<三: 15>	奴侯切[平侯泥]	奴鉤切[平侯泥]	=2
羺[羺]*<九: 13>	奴侯切[平侯泥]	奴鉤切[平侯泥]	=2
紐[施紐]<八: 14>	女久切[上有娘]	女久切[上有娘]	≡1
紐[絇紐]<九: 18-19>	尼久切[上有娘]	女久切[上有娘]	=3
朒[朒朒]<四: 13-14>	女六切[入屋娘]	而六切[入屋日]12)	≠I
朒[朒朒]<六: 21>	女六切[入屋娘]	而六切[入屋日]	≠I
膩[達膩]<二: 4>	尼致切[去至娘]	女利切[去至娘]	=4
獺[獺毛]<九: 25>	他達切[入曷透]	他達切[入曷透]13)	≡1
獺[水獺]<八: 1>	他達切[入曷透]	他達切[入曷透]	≡1
膽[膽鹽]*<三: 29-30>	多淡切[上敢端]	都敢切[上敢端]	=4
膽[膽奋]<四: 18-19>	都甘切[平談端]	都敢切[上敢端]	≠T
湮[潰湮]*<九: 1>	泥平聲[平齊泥]	奴低切[平齊泥]	=4
貸[貸貣]*<三: 48-49>	他代切[去代透]	他代切[去代透]	≡1
掉[掉弄]<四: 24>	徒吊切[去嘯定]	徒弔切[去嘯定]14)	≡1
跳[跳踯]<四: 11-12>	徒凋切[平蕭定]	徒聊切[平蕭定]	=2
跳[跳躑]*<五: 1>	徒凋切[平蕭定]	徒聊切[平蕭定]	=2
蹈[足蹈]*<二: 16>	盜音[去號定]	徒到切[去號定]	=4#
督[督監]<三: 7>	冬毒切[入沃端]	冬毒切[入沃端]	≡1
鶘[鶲鶘鳴]*<三: 4>	他若切[入藥透]	他谷切[入屋透]	≠V
頓[頓]*<四: 19>	都困切[去慁端]	都困切[去慁端]	≡1
咄[咄々]*<五: 14>	都沒切[入沒端]	當沒切[入沒端]15)	=3
竇[水竇]<三: 51-52>	豆音[去候定]	徒候切[去候定]	=4#
竇[竇孔]<八: 10-11>	豆音[去候定]	徒候切[去候定]	=4#
簼[簼樓]<三: 9>	斗偷切[平侯端]	當侯切[平侯端]	=4

12)『集韻』의 反切
13) 又他鎋切[入鎋透]<『廣韻』>
14) 又徒了切[上篠定]<『廣韻』>
15) 又丁括切[入末端]<『廣韻』>

標題字[文脈]<出典>	行瑫 音注	中古音	備考
隥[隥橙]*<八: 8>	登鄧切[去嶝端]	都鄧切[去嶝端]	=3
邏[開關邏]*<三: 50-51>	郎个切[去箇來]	郎佐切[去箇來]	=4
愞[愞惰]*<六: 10>	落但切[上旱來]	落旱切[上旱來]	=2
樂[婉樂]*<六: 3-4>	落音[入鐸來]	盧各切[入鐸來]	=4#
絡[絡囊]*<三: 19-20>	落音[入鐸來]	盧各切[入鐸來]	=4#
烙[烙身]<二: 3>	落音[入鐸來]	盧各切[入鐸來]	=4#
鑞[白鑞]*<三: 29>	藍塔切[入盍來]	盧盍切[入盍來]	=4
瓈[玻瓈]*<三: 27-28>	犁音[平齊來]	郎奚切[平齊來]	=4#
荔[畢荔]*<十: 16-17>	犁帝切[去霽來]	郎計切[去霽來]16)	=4
戾[很戾]<七: 1-2>	犁帝切[去霽來]	郎計切[去霽來]17)	=4
悷[懂悷]<六: 10-11>	犁帝切[去霽來]	郎計切[去霽來]	=4
標題字[文脈]<出典>	行瑫 音注	中古音	備考
嫌[嬌嫌]*<九: 13-14>	斂沾切[平鹽來]	力鹽切[平鹽來]	=4
簾[向簾]<九: 13>	力塩切[平鹽來]	力鹽切[平鹽來]	≡1
潦[潦潦]*<三: 31-32>	勞到切[去號來]	郎到切[去號來]	=3
蘆[蘆蔔芍]<三: 42>	魯都切[平模來]	落胡切[平模來]	=4
	/羅音[平歌來]	良何切[平歌來]18)	=4
輅[輅上]<五: 10>	路音[去暮來]	洛故切[去暮來]	=4#
	/又落音[入鐸來]	/轄格切[入陌匣]19)	≠IV#
轤[轆轤]<五: 12-13>	落胡切[平模來]	落胡切[平模來]	≡1
轆[轆轤]<五: 12-13>	鹿音[入屋來]	盧谷切[入屋來]	=4#
睩[睩瞬]*<七: 13>	鹿音[入屋來]	盧谷切[入屋來]	=4#
料[料理]*<三: 49-50>	了凋切[平蕭來]	落蕭切[平蕭來]20)	=4
僂[僂身]<九: 24>	力主切[上麌來]	力主切[上麌來]	≡1
僂[僂傴]*<十: 18>	力主切[上麌來]	力主切[上麌來]	≡1
壘[壘埒]*<六: 17>	力水切[上旨來]	力軌切[上旨來]21)	=2
縷[績縷]<六: 5>	力主切[上麌來]	力主切[上麌來]	≡1

---

16) 又力智切[去寘來]<『廣韻』>
17) 又練結切[入屑來]<『廣韻』>
18) 『集韻』의 反切
19) 『集韻』의 反切
20) 又力弔切[去嘯來]<『廣韻』>
21) 又盧對切[去隊來]<『集韻』>

標題字[文脈]<出典>	行瑫 音注	中古音	備考
甃[自甃]*<四: 1>	力竹切[入屋來]	力竹切[入屋來]	≡1
艻[蘆葛艻]<三: 42>	郎得切[入德來]	盧則切[入德來]	=4
陸[陸易22)」*<七: 5>	力登切[平蒸來]	力膺切[平蒸來]	=2
犛[犛牛]*<九: 25>	麥包切[平肴明]	謨袍切[平豪明]23)	≠V
籬[籬柵]<三: 6-7>	呂伊切[平脂來]	呂支切[平支來]	≠V
籬[若籬]*<八: 7>	呂遲切[平脂來]	呂支切[平支來]	≠V
蔓[連蔓]<八: 6>	万音[去願微]	無販切[去願微]	=4#
蔓[瓠蔓架]<八: 9>	万音[去願微]	無販切[去願微]	=4#
誷[欺誷]*<二: 9>	文紡切[上養微]	文兩切[上養微]	=2
枚[五枚]*<二: 6>	每盃切[平灰明]	莫杯切[平灰明]	=4
枚[四枚]*<四: 22>	未盃切[平灰微]	莫杯切[平灰明]	≠I
蝱[蚊蝱]*<一: 21>	盲音[平庚明]	武庚切[平庚明]	=4#
摸[捫摸]*<一: 24-25>	莫胡切[平模明]	莫胡切[平模明]	≡1
	/又莫音[入鐸明]	慕各切[入鐸明]	/=4#
牧[放牧]*<二: 17>	牧音[入屋明]	莫六切[入屋明]	=4#
誣[見誣]<二: 8>	武夫切[平虞微]	武夫切[平虞微]	≡1
誣[加誣]*<七: 10>	武夫切[平虞微]	武夫切[平虞微]	≡1
貿[貿此]*<六: 7>	莫候切[去候明]	莫候切[去候明]	≡1
蕪[蕪菁]<三: 16>	無音[平虞微]	武夫切[平虞微]	=4#
蚊[蚊蝱]*<一: 21>	文音[平文微]	無分切[平文微]	=4#
捫[捫摸]<一: 24-25>	門音[平魂明]	莫奔切[平魂明]	=4#
咩[咩々]*<四: 21>	弥夜切[去禡明]	母野切[上馬明]24)	≠T
拍[拍鼓]*<七: 7>	普白切[入陌滂]	普伯切[入陌滂]	=2
博[博山]*<三: 45>	補莫切[入鐸幇]	補各切[入鐸幇]	=2
搏[翅搏]*<二: 14>	牓莫切[入鐸幇]	補合切[入鐸幇]25)	=4
搏[搏曳]<九: 6-7>	布各切[入鐸幇]	補合切[入鐸幇]	=4
駁[斑駁]<七: 7>	邦邈切[入覺幇]	北角切[入覺幇]	=4
畔[畔界]*<二: 13>	蒲半切[去換並]	薄半切[去換並]	=3
絆[鎖絆]<三: 8>	半音[去換幇]	博慢切[去換幇]	=4#

---

22) 原文 字形: '亻+易'

23) 『集韻』의 反切

24) 『集韻』의 反切

25) 又匹各切[入鐸滂]<『廣韻』>/方遇切[去遇非]<『廣韻』>

標題字[文脈]<出典>	行瑫 音注	中古音	備考
跋[跋遽]<六: 13>	步末切[入末並]	蒲撥切[入末並]	=4
拔[拔塞]*<三: 33>	步末切[入末並]	蒲撥切[入末並]26)	=4
茇[華茇]<三: 18>	鉢音[入末幫]	北末切[入末幫]27)	=4#
茇[華茇]*<十: 20>	鉢音[入末幫]	北末切[入末幫]	=4#
彷[彷徉]*<一: 19>	傍音[平唐並]	步光切[平唐並]	=4#
	/又去聲	妃兩切[上養敷]	/≠T#
紡[細絲紡]<九: 16>	方罔切[上養非]	妃兩切[上養敷]	≠I
傍[倚傍]<二: 8>	蒲謗切[去宕並]	蒲浪切[去宕並]	=4
排[排戶]*<二: 17>	步皆切[平皆並]	步皆切[平皆並]	≡1
罰[刑罰]*<一: 2-3>	伐音[入月奉]	房越切[入月奉]	=4#
筏[簿筏]*<三: 35>	伐音[入月奉]	房越切[入月奉]28)	=4#
泛[泛愛]<一: 5>	方梵切[去梵非]	孚梵切[去梵敷]	≠I
闢[兩闢]<二: 14-15>	毗辟切[入昔並]	房益切[入昔並]	=4
襞[襞爲]<一: 8>	辟音[入昔幫]	必益切[入昔幫]	=4#
擘[擘雜]<九: 23-24>	拼麥切[入麥幫]	博厄切[入麥幫]29)	=4
辮[辮編]<五: 2-3>	薄典切[上銑並]	薄泫切[上銑並]	=2
枡[枡縫籫]<八: 11-12>	百盲切[平庚幫]	府盈切[平清幫]	≠V
屏[屏隈]*<三: 39>	必並切[上迥幫]	必郢切[上靜幫]	≠V
倂[倂取]*<二: 10-11>	必正切[去勁幫]	畀政切[去勁幫]	=4
	/又上聲	必郢切[上靜幫]30)	/=4#
洴[洴萍]*<二: 19>	毗幷切[平清並]	薄經切[平青並]	≠V
柄[施柄]*<九: 25>	兵命切[去映幫]	陂病切[去映幫]31)	=4
狄[洄狄]*<四: 6-7>	伏音[入屋奉]	房六切[入屋奉]	=4#
襆[裏襆]<九: 10-11>	房玉切[入燭奉]	房玉切[入燭奉]	≡1
蔔[蘆蔔芬]<三: 42>	蒲北切[入德並]	蒲北切[入德並]	=3
縫[縫衣]*<五: 2>	逢音[平鍾奉]	符容切[平鍾奉]	=4#
縫[拼縫籫]<八: 11-12>	逢音[平鍾奉]	符容切[平鍾奉]	=4#

---

26) 又蒲八切[入黠並]<『廣韻』>
27) 又蒲撥切[入末並]<『廣韻』>
28) 又北末切[入末幫]<『廣韻』>
29) 又蒲歷切[入錫並]<『集韻』>
30) 又蒲迥切[上迥並]<『廣韻』>
31) 又補永切[上梗幫]<『集韻』>

標題字[文脈]<出典>	行瑫 音注	中古音	備考
扶[扶疎]*<一: 12>	附孚切[平虞奉]	防無切[平虞奉]	=4
鳧[鳧鳬]*<三: 34>	扶音[平虞奉]	防無切[平虞奉]	=4#
膚[地膚]<二: 10>	甫無切[平虞非]	甫無切[平虞非]	≡1
阜[堆阜]*<五: 5>	負音[上有奉]	房久切[上有奉]	=4#
盆[瓦盆]*<三: 27>	步奔切[平魂並]	蒲奔切[平魂並]	=3
奔[奔犇]*<一: 11>	補門切[平魂幫]	博昆切[平魂幫]	=4
糞[糞掃]*<三: 52>	芳問切[去問敷]	方問切[去問非]	≠I
芭[芭麻]<三: 16-17>	邊迷切[平齊幫]	邊分切[平齊幫]	=2
糯[麨糯]*<十: 2>	備音[去至並]	平祕切[去至並]	=4#
儐[儐出]*<三: 6>	賓_去聲呼[去震幫]	必刃切[去震幫]	=4
冰[冰豆]<六: 8>	筆凌切[平蒸幫]	筆陵切[平蒸幫]	=4
嗣[繼嗣]*<一: 9>	寺音[去志邪]	祥吏切[去志邪]	=4#
師[吏師]<九: 10>	率至切[去至生]	疏夷切[平脂生]	≠T
徙[徙著]*<三: 48>	斯紫切[上紙心]	斯氏切[上紙心]	=2
邪[絁邪]*<九: 17-18>	以遮切[平麻以]	以遮切[平麻以]	≡1
飼[養飼]*<四: 11>	寺音[去志邪]	祥吏切[去志邪]	=4#
肆[店肆]*<六: 11>	四音[去至心]	息利切[去至心]	=4#
屣[革屣]<三: 23-24>	疎紫切[上紙生]	所綺切[上紙生]32)	=4
稍[鋒稍]<四: 3>	雙角切[入覺生]	所角切[入覺生]	=3
刪[刪闍]*<一: 11>	所姦切[平刪生]	所姦切[平刪生]	≡1
繖[繖傘]*<三: 25>	散[上旱心]_上去	蘇旱切[上旱心]	≠T#
庠[庠雅]*<二: 7>	象羊切[平陽邪]	似羊切[平陽邪]	=3
塞[拔塞]*<三: 33>	先代切[去代心]	先代切[去代心]	≡1
恕[恕有其]*<一: 6-7>	書署切[去御書]	商署切[去御書]	=3
抒[抒海]<四: 24-25>	徐呂切[上語邪]	徐呂切[上語邪]	≡1
	/又神杵切[上語船]	神與切[上語船]	/=2
抒[抒土]<十: 4>	徐呂切[上語邪]	徐呂切[上語邪]	≡1
	/又神杵切[上語船]	/神與切[上語船]	/=2
黍[十黍]<三: 11>	書煮切[上語書]	舒呂切[上語書]	=4
鏇[鏇師]<四: 25-26>	似選切[去線邪]	辭戀切[去線邪]	=4
墠[墠磾]*<三: 30>	善音[上獮禪]	常演切[上獮禪]	=4#

32) 又所寄切[去寘生]<『廣韻』>

標題字[文脈]<出典>	行瑫 音注	中古音	備考
線[線綖]<一: 2>	仙賤切[去線心]	私箭切[去線心]	=4
睒[睒婆]*<二: 13-14>	尸染切[上琰書]	失冉切[上琰書]	=4
睒[睒々]*<六: 20>	失冉切[上琰書]	失冉切[上琰書]	≡1
攝[攝摺褸]*<九: 3>	之涉切[入葉章]	質涉切[入葉章]	=3
鑷[珠鑷]*<三: 45>	尼輒切[入葉娘]	尼輒切[入葉娘]	≡1
盛[燈盛]*<十: 8>	時征切[平淸禪]	是征切[平淸禪]	=3
瘙[疥瘙]<六: 14>	掃譟切[去號心]	蘇到切[去號心]	=4
掃[糞掃]*<三: 52>	橙譟切[去號澄]	蘇到切[去號心]33)	≠I
欀[窠欀]*<九: 20>	士交切[平肴崇]	鉬交切[平肴崇]	=3
遜[遜悌]*<一: 23-24>	蘇困切[去慁心]	蘇困切[去慁心]	≡1
曬[枏曬]*<八: 1-2>	疎債切[去卦生]	所賣切[去卦生]34)	=4
售[難售]<六: 7>	承呪切[去宥禪]	承呪切[去宥禪]	≡1
售[未售]*<九: 12>	授音[去宥禪]	承呪切[去宥禪]	=4#
收[收攝]*<三: 44>	式州切[平尤書]	式州切[平尤書]35)	≡1
嗽[嗽欬]<三: 5>	雙角切[入覺生]	所角切[入覺生]36)	=3
紃[間紃]<九: 17>	旬音[平諄邪]	詳遵切[平諄邪]	=4#
	/脣音[平諄船]	食倫切[平諄船]	/=4#
瞬[睒瞬]*<七: 13>	輸閏切[去稕書]	舒閏切[去稕書]	=3
匙[銅匙]<三: 20>	是支切[平支禪]	是支切[平支禪]	≡1
試[試弄]<二: 3>	尸至切[去至書]	式吏切[去志書]	≠V
絁[絁邪]*<九: 17-18>	失支切[平支書]	式支切[平支書]	=3
矢[笑矢]<一: 14>	式視切[去至書]	式視切[去至書]	≡1
訊[問訊]*<一: 11-12>	信音[去震心]	息晉切[去震心]	=4#
娠[有娠]*<一: 10>	申音[平眞書]	失人切[平眞書]	=4#
	/又去聲呼	章刃切[去震章]	/=4#
娠[妊娠]*<五:3-4>	申音[平眞書]	失人切[平眞書]	=4
	/之刃切[去震章]	章刃切[去震章]	/=3
岸[坑岸]*<十: 4>	五汗切[去翰疑]	五旰切[去翰疑]	=2

---

33) 又蘇老切[上皓心]<『廣韻』>
34) 又所寄切[去寘生]<『廣韻』>
35) 又舒救切[去宥書]<『廣韻』>
36) 又桑谷切[入屋心]<『廣韻』>

標題字[文脈]<出典>	行瑫 音注	中古音	備考
庵[草庵]*<一: 19>	烏含切[平覃影]	烏含切[平覃影]37)	≡1
庵[旃庵]*<六: 18>	烏含切[平覃影]	烏含切[平覃影]	≡1
庵[庵幰]<九: 15>	於含切[平覃影]	烏含切[平覃影]	=3
壓[磏壓]<四: 2-3>	於甲切[入狎影]	烏甲切[入狎影]	=3
壓[得壓]<十: 19>	於甲切[入狎影]	烏甲切[入狎影]	=3
唲[唲嗽]<四: 15>	五皆切[平皆疑]	五佳切[平佳疑]	≠V
軶[軶柭]*<八: 10>	厄音[入麥影]	於格切[入陌影]38)	≠V#
甖[金甖]*<五: 11>	於耕切[平耕影]	烏莖切[平耕影]	=4
椰[椰子]*<十: 22>	耶音[平麻以]	以遮切[平麻以]	=4#
鑰[戶鑰]*<二: 5>	藥音[入藥以]	以灼切[入藥以]	=4#
徉[彷徉]*<一: 19>	羊音[平陽以]	與章切[平陽以]	=4#
揞[手揞]*<一: 21>	於檢切[上琰影]	衣檢切[上琰影]	=3
	/又烏敢切[上敢影]	烏敢切[上敢影]	/≡1
緣[緣是]*<九: 18>	去聲	以絹切[去線以]	=4
鹽[膽鹽]*<三: 29-30>	余廉切[平鹽以]	余廉切[平鹽以]	≡1
鍱[鐵鍱]*<四: 27>	鍱音[入葉曉]	虛涉切[入葉曉]	=4#
嬰[嬰患]*<四: 1-2>	於盈切[平清影]	於盈切[平清影]	≡1
縈[車縈]*<八: 7>	於營切[平清影]	於營切[平清影]	≡1
曳[曳去]*<三: 42-43>	余世切[去祭以]	餘制切[去祭以]	=4
曳[搏曳]<九: 6-7>	余世切[去祭以]	餘制切[去祭以]	=4
倪[倪樓]<四: 4>	五分切[平齊疑]	五稽切[平齊疑]	=2
刈[刈殺]*<七: 9-10>	魚吠切[去廢疑]	魚肺切[去廢疑]	=2
曳[吷曳]*<七: 8>	余世切[去祭以]	餘制切[去祭以]	=4
杌[杌其]*<二: 1>	五忽切[入沒疑]	五忽切[入沒疑]	≡1
甕[大甕]*<三: 27>	烏貢切[去送影]	烏貢切[去送影]	≡1
壅[山壅]*<七: 9>	於勇切[上腫影]	於隴切[上腫影]	=2
	/又平聲	於容切[平鐘影]	=4
頑[守頑]*<七: 2-3>	五還切[平刪疑]	五還切[平刪疑]	≡1
豌[豌豆]<三: 10-11>	烏丸切[平桓影]	一丸切[平桓影]	=3
婉[婉孌]*<六: 3-4>	怨阮切[上阮影]	於阮切[上阮影]	=3

---

37) 又烏合切[入合影]<『廣韻』>
38) 『龍龕手鑑』의 反切

標題字[文脈]<出典>	行瑫 音注	中古音	備考
腕[捉腕]*<五: 6>	烏貫切[去換影]	烏貫切[去換影]	≡1
隈[屛隈]*<三: 39>	烏回切[平灰影]	烏恢切[平灰影]39)	=2
嵬[嵬]*<四: 9>	五回切[平灰疑]	五灰切[平灰疑]	=2
漉[罐漉]*<五: 7-8>	古堯切[平蕭見]	古堯切[平蕭見]	≡1
妖[妖之]<四: 20>	於交切[平肴影]	於交切[平肴影]	≡1
凹[容凹]<九: 23>	於甲切[入狎影]	烏洽切[入洽影]40)	≠V
傭[傭力]*<四: 22>	容音[平鍾以]	餘封切[平鍾以]	=4#
盂[銅盂]*<十: 1>	羽遇切[去遇雲]	羽俱切[平虞雲]	≠T
藕[藕根]<三: 8-9>	魚口切[上厚疑]	五口切[上厚疑]	=3
芋[芋根]<三: 9-10>	于句切[去遇雲]	王遇切[去遇雲]	=4
昱[晃昱]*<十: 19>	余六切[入屋以]	余六切[入屋以]	≡1
韋[韋編]*<五: 7>	韋威切[平微雲]	雨非切[平微雲]	=4
痿[痿黃]*<十: 1>	於爲切[平支影]	於爲切[平支影]41)	≡1
遺[遺我]*<六: 3>	唯季切[去至以]	以醉切[去至以]	=4
莠[莠子]<三: 13-14>	酉音[上有以]	與久切[上有以]	=4#
窳[窳惰]*<九: 12>	羊主切[上麌以]	以主切[上麌以]	=3
悒[愁悒]*<四: 10>	音及切[入緝影]	於汲切[入緝影]	=4
劓[劓劓]<一: 22-23>	魚器切[去至疑]	魚器切[去至疑]	≡1
剔[陵剔]*<七: 5>	以豉切[去寘以]	以豉切[去寘以]	≡1
刵[刵劓]<一: 22-23>	仍吏切[去志日]	仍吏切[去志日]	≡1
柂[捉柂]<三: 37>	徒可切[上哿定]	待可切[上哿定]	=3
杙[十杙]*<三: 40-41>	與職切[入職以]	與職切[入職以]	≡1
杙[釘杙]<三: 46>	與力切[入職以]	與職切[入職以]	=2
姻[婚姻]*<六: 1>	因音[平眞影]	於眞切[平眞影]	=4#
妊[妊娠]*<五:3-4>	汝針切[平侵日]	如林切[平侵日]42)	=4
	/汝禁切[去沁日]	汝鴆切[去沁日]	/=2
㑷[傀㑷]<十: 12>	女禁切[去沁娘]	乃禁切[去沁娘]43)	=3
鎡[鍵鎡]<三: 19>	玆音[平之精]	子之切[平之精]	=4#

39) 又烏績切[去隊影]<『廣韻』>
40) 又於交切[平爻影]<『集韻』>
41) 又人垂切[平支日]<『廣韻』>
42) 『集韻』의 反切
43) 又如鴆切[去沁日]<『集韻』>

標題字[文脈]<出典>	行瑞 音注	中古音	備考
醋[筰醋]*<十: 22-23>	詐音[去禡莊]	側駕切[去禡莊]44)	=4#
簪[栬縫簪]<八: 11-12>	作含切[平覃精]	作含切[平覃精]45)	≡1
帀[一帀]*<八: 8>	子合切[入合精]	子荅切[入合精]	=2
牆[牆墻廧]*<三: 51>	疾將切[平陽從]	在良切[平陽從]	=4
嫜[妐嫜]*<十: 14-15>	章音[平陽章]	諸良切[平陽章]46)	=4#
栽[樹栽]<三: 40>	宰才切[平咍精]	祖才切[平咍精]	=3
㓨[啀㓨]<四: 15>	士皆切[平皆崇]	鉏佳切[平佳崇]47)	≠V
渚[岸渚]*<四: 22-23>	諸呂切[上語章]	章與切[上語章]	=4
瓵[瓵羊]<二: 18>	底泥切[平齊端]	都奚切[平齊端]	=4
低[低佢]*<五: 5>	丁兮切[平齊端]	都溪切[平齊端]	=4
儲[儲稸]<二: 11-12>	除音[平魚澄]	直魚切[平魚澄]	=4#
佢[布佢]*<三: 17>	丁兮切[平齊端]	都溪切[平齊端]	=4
靮[麴靮]*<十: 3>	徒的切[入錫定]	徒歷切[入錫定]	=2
摘[摘船]*<三: 37>	汀的切[入錫透]	他歷切[入錫透]48)	=4
摘[摘開]<九: 5-6>	汀的切[入錫透]	他歷切[入錫透]	=4
糴[糴穀]<十: 11>	徒的切[入錫定]	徒歷切[入錫定]	=2
適[適得]*<十: 16>	丁曆切[入錫端]	都歷切[入錫端]49)	=4
績[績縷]<六: 5>	則曆切[入錫精]	則歷切[入錫精]	=2
顫[凍顫戰]*<九: 2-3>	之扇切[去線章]	之膳切[去線章]	=2
墡[壘墡]*<六: 17>	專音[平仙章]	朱遄切[平仙章]	=4#
剪[剪髮]*<三: 3>	即淺切[上獮精]	即淺切[上獮精]	≡1
剪[剪去]*<十: 19>	即淺切[上獮精]	即淺切[上獮精]	≡1
巓[巓哆]<三: 14>	典田切[平先端]	都年切[平先端]	=4
苫[苫]*<六: 17>	攝占切[平鹽書]	失廉切[平鹽書]	=4
店[店肆]*<六: 11>	都念切[去桥端]	都念切[去桥端]	≡1
店[店肆]*<十: 13>	丁念切[去桥端]	都念切[去桥端]	=3
坫[坫砧]*<九: 8>	都念切[去桥端]	都念切[去桥端]	≡1

---

44) 『集韻』의 反切
45) 又側吟切[平侵莊]<『廣韻』>
46) 『集韻』의 反切
47) 『集韻』의 反切
48) 『集韻』의 反切
49) 又施隻切[入昔書]<『廣韻』>/之石切[入昔章]<『廣韻』>

標題字[文脈]<出典>	行瑢 音注	中古音	備考
釘[釘杙]<三: 46>	平聲乎	當經切[平靑端][50]	=4#
臍[＋凸臍]<五: 14>	在分切[平齊從]	徂奚切[平齊從]	=4
提[伽提]<三: 15>	徒佰切[平齊定]	杜奚切[平齊定]	=4
悌[遜悌]<一: 23-24>	提帝切[去霽定]	特計切[去霽定]	=4
	/又弟音[上薺定]	徒禮切[上薺定]	/=4#
鞮[鞮弥]*<三: 14>	提音[平齊定]	都奚切[平齊端]	≠1#
躁[輕躁]<四: 17-18>	作告切[去號精]	則到切[去號精]	=4
槽[馬槽]*<四: 16>	昨遭切[平豪從]	昨勞切[平豪從]	=2
操[捻操]<一: 10>	作告切[去號精]	則到切[去號精][51]	=4
澡[澡水]<一: 26>	早音[上皓精]	子皓切[上皓精]	=4#
澡[澡罐]*<三: 22>	早音[上皓精]	子皓切[上皓精]	=4#
祚[祚隆]*<一: 7>	徂素切[去暮從]	昨誤切[去暮從]	=4
糶[糶時]<十: 11>	他弔切[去嘯透]	他弔切[去嘯透]	≡1
椶[手椶]<九: 11-12>	子紅切[平東精]	子紅切[平東精]	≡1
綜[綜練]<一: 22>	宗宋切[去宋精]	子宋切[去宋精]	=3
妐[妐孀]*<十: 14-15>	鍾音[平鍾章]	職容切[平鍾章]	=4#
㛗[㛗[52]]*<四: 15-16>	座音[去過從]	---	≠+#
坐[坐是]*<六: 3>	去聲	徂臥切[去過從][53]	=4#
肘[拳肘]<六: 16>	陟柳切[上有知]	陟柳切[上有知]	≡1
躕[跱躕]<七: 12>	廚音[平虞澄]	直誅切[平虞澄]	=4#
漬[漬潤]*<二: 2>	疵弛切[去寘從]	疾智切[去寘從]	=4
跠[跠躕]<七: 12>	馳音[平支澄]	直離切[平支澄]	=4#
榛[深榛]<五: 5-6>	士臻切[平臻崇]	側詵切[平臻莊]	≠1
榛[罰榛王]*<六: 4-5>	側詵切[平臻莊]	側詵切[平臻莊]	≡1
榛[駿榛]*<七: 3>	士臻切[平臻崇]	側詵切[平臻莊]	≠1
叱[叱]*<一: 28>	昌日切[入質昌]	昌栗切[入質昌]	=2
捉[捉]<十: 12>	側角切[入覺莊]	側角切[入覺莊]	≡1
笮[笮醋]*<十: 22-23>	側伯切[入陌莊]	側伯切[入陌莊]	≡1
灒[水灒]<五: 10>	讚音[去翰精]	則旰切[去翰精]	=4#

---

50) 又丁定切[去徑端]<『廣韻』>
51) 又七刀切[平豪淸]<『廣韻』>
52) 원문 자형: '坐$自'
53) 又徂果切[上果從]<『廣韻』>

標題字[文脈]<出典>	行瑫 音注	中古音	備考
瓚[瓚涯]*<九: 1>	則炭切[去翰精]	則旰切[去翰精]	=2
壓[若壓]*<八: 6>	七焰切[去豔清]	七豔切[去豔清]	=2
槍[利槍]<四: 5-6>	七羊切[平陽清]	七羊切[平陽清]	≡1
鶬[鶬鶊]<七: 10>	倉音[平唐清]	七岡切[平唐清]	=4#
瘡[瘡創]*<一: 26>	楚霜切[平陽初]	初良切[平陽初]	=4
瘥[小瘥]*<一: 27-28>	初懈切[去卦初]	楚懈切[去卦初]	=3
柵[籬柵]<三: 6-7>	楚革切[入麥初]	楚革切[入麥初]54)	≡1
礐[礐手]<六: 15>	陟格切[入陌知]	陟格切[入陌知]	≡1
愭[愭之]<四: 9>	責音[入麥莊]	側革切[入麥莊]	=4#
妻[妻之]*<七: 3>	去聲	七計切[去霽清]	=4
躑[跳躑]*<五: 1>	持隻切[入昔澄]	直炙切[入昔澄]	=4
瘠[薄瘠]<三: 47-48>	情迹切[入昔從]	秦昔切[入昔從]	=4
感[憂感]*<四: 10-11>	倉積切[入昔清]	倉歷切[入錫清]	=2
腨[脚腨]<三: 38>	食爽切[上獮船]	市兗切[上獮禪]	≠I
腨[腨蹲]<五: 1-2>	時兗切[上獮禪]	市兗切[上獮禪]	=3
倩[婦倩]*<六: 4>	且性切[去勁清]	七政切[去勁清]	=4
濺[濺濺]<九: 1-2>	則前切[平先精]	則前切[平先精]	≡1
淺[淺]*<九: 8>	七演切[上獮清]	七演切[上獮清]	≡1
蒨[蒨綪]*<十: 14>	千薦切[去霰清]	倉甸切[去霰清]	=4
穿[穿被]<三: 32>	川音[平仙昌]	昌緣切[平仙昌]55)	=4#
⺊[⺊凸臍]<五: 14>	徒骨切[入沒定]	陀骨切[入沒定]	=3
凸[⺊凸趏]<九: 22-23>	徒骨切[入沒定]	陀骨切[入沒定]	=3
凹[⺊凹趏]<五: 14>	田涅切[入屑定]	徒結切[入屑定]	=4
凹[⺊凹趏]<九: 22-23>	田涅切[入屑定]	徒結切[入屑定]	=4
掇[掇着]<九: 22>	陟劣切[入薛知]	陟劣切[入薛知]	≡1
	/多括切[入末端]	丁括切[入末端]	/=3
簷[屋簷]<一: 18>	余沾切[平鹽以]	余廉切[平鹽以]	=2
簷[屋簷]*<九: 20>	塩音[平鹽以]	余廉切[平鹽以]	=4#
艓[四艓]<一: 9>	徒叶切[入帖定]	徒協切[入帖定]	=2
菁[蕪菁]<三: 16>	精音[平清精]	子盈切[平清精]	=4#

---

54) 又測戟切[入陌初]<『廣韻』>

55) 又尺絹切[去線昌]<『廣韻』>

標題字[文脈]<出典>	行瑢 音注	中古音	備考
逮[逮甘]*<六: 9>	代音[去代定]	徒耐切[去代定]56)	=4#
酤[眂酤]<七: 3-4>	倉故切[去暮淸]	倉故切[去莫淸]	≡1
麨[麨糒]*<十: 2>	尺沼切[上小昌]	尺沼切[上小昌]	≡1
抄[抄課]*<十: 10-11>	楚交切[平肴初]	楚交切[平肴初]57)	≡1
憔[憔悴]<四: 12-13>	在焦切[平宵從]	昨焦切[平宵從]	=3
摧[摧催]*<六: 23>	倉回切[平灰淸]	昨回切[平灰從]	≠I
皺[皺朓]<四: 13-14>	側瘦切[去宥莊]	側救切[去宥莊]	=2
皺[皺朓]<六: 21>	側瘦切[去宥莊]	側救切[去宥莊]	=2
蒭[蒭摩]*<八: 2>	測愚切[平虞初]	測隅切[平虞初]	=2
僦[僦賃]<十: 12>	子就切[去宥精]	即就切[去宥精]	=3
啾[啾々]<九: 16>	即由切[平尤精]	即由切[平尤精]	≡1
椎[椎撲]*<七: 8>	直追切[平脂澄]	直追切[平脂澄]	≡1
樞[戶樞]*<二: 6>	觸朱切[平虞昌]	昌朱切[平虞昌]	=3
蹴[脚蹴]<五: 4>	此肻切[入屋淸]	七宿切[入屋淸]58)	=4
稸[儲稸]<二: 11-12>	丑六切[入屋徹]	丑六切[入屋徹]59)	≡1
秫[秫禾]*<三: 12>	述音[入術船]	食聿切[入術船]	=4#
儭[儭身]*<九: 21>	初覲切[去震初]	初覲切[去震初]	≡1
緻[細緻]<九: 2>	直利切[去至澄]	直利切[去至澄]	≡1
哆[巔哆]<三: 14>	丁可切[上哿端]	丁可切[上哿端]60)	≡1
緻[緻]*<十: 20>	直利切[去至澄]	直利切[去至澄]	≡1
砧[坫砧]*<九: 8>	知林切[平侵知]	知林切[平侵知]	≡1
枕[枕及]*<三: 24-25>	之荏切[上寢章]	章荏切[上寢章]	=3
鍼[鍼箚]*<三: 21-22>	職深切[平侵章]	職深切[平侵章]	≡1
惰[懶惰]*<六: 10>	徒果切[上果定]	徒果切[上果定]61)	≡1
吒[跋吒]*<六: 18-19>	陟嫁切[去禡知]	陟駕切[去禡知]	=2
啄[啄我]<七: 11>	卓音[入覺知]	竹角切[入覺知]62)	=4#

---

56) 又特計切[去霽定]<『廣韻』>
57) 又初教切[去效初]<『廣韻』>
58) 又子六切[入屋精]<『廣韻』>
59) 又許竹切[入屋曉]<『廣韻』>
60) 又尺氏切[上紙昌]<『廣韻』>/昌者切[上馬昌]<『廣韻』> 등
61) 又徒臥切[去過定]<『廣韻』>
62) 又丁木切[入屋端]<『廣韻』>

標題字[文脈]<出典>	行瑶 音注	中古音	備考
耷[膽耷]<四: 18-19>	都闔切[入盍端]	都榼切[入盍端]	＝2
殆[殆死]<八: 4-5>	臺乃切[上海定]	徒亥切[上海定]	＝4
鵋[鵋鵋鼻]*<三: 4>	湯故切[去暮透]	湯故切[去暮透]	≡1
鵋[鵋鼻]<四: 4-5>	他妒切[去暮透]	湯故切[去暮透]	＝4
鵋[鵋鼻]<七: 14>	兔音[去暮透]	湯故切[去暮透]	＝4#
筩[鍼筩]*<三: 21-22>	徒東切[平東定]	徒紅切[平東定]	＝2
堆[堆阜]*<五: 5>	都回切[平灰端]	都回切[平灰端]	≡1
磓[磓壓]<四: 2-3>	對雷切[平灰端]	都回切[平灰端]	＝4
塠[塠堆]*<八: 5>	都回切[平灰端]	都回切[平灰端]	≡1
貣[貸貣]*<三: 48-49>	他得切[入德透]	他德切[入德透]63)	＝2
玻[玻瓈]*<三: 27-28>	頗音[平戈滂]	滂禾切[平戈滂]	＝4#
板[板齒]<六: 8-9>	逋限切[上産幫]	布綰切[上潸幫]	≠V
貝[珂貝]<一: 16>	盃沛切[去泰幫]	博蓋切[去泰幫]	＝4
編[辮編]<五: 2-3>	必綿切[平仙幫]	卑連切[平仙幫]64)	＝4
脯[脯]*<十: 10>	孚武切[上麌敷]	方矩切[上麌非]	≠I
晡[晡時]*<一: 1-2>	補逋切[平模幫]	博孤切[平模幫]	＝4
	/又烏音	---	/+#
僄[輕僄]*<四: 21>	疋遙切[平宵滂]	撫招切[平宵滂]65)	＝4
漂[所漂]<八: 4>	疋遙切[平宵滂]	撫招切[平宵滂]	＝4
驃[陀驃]<六: 23-24>	毗妙切[去笑並]	毗召切[去笑並]	＝2
飄[風飄]*<一: 20>	疋遙切[平宵滂]	撫招切[平宵滂]66)	＝4
韠[韠芾]<三: 18>	必音[入質幫]	卑吉切[入質幫]	＝4#
韠[韠芾]*<十: 20>	必音[入質幫]	卑吉切[入質幫]	＝4#
虐[暴虐]<四: 8-9>	宜約切[入藥疑]	魚約切[入藥疑]	＝3
佷[佷戾]<七: 1-2>	痕懇切[上很匣]	戶懇切[上很匣]67)	＝3
陷[坑陷]<四: 5>	咸鑒切[去鑑匣]	戶韜切[去陷匣]	＝4
檻[檻櫃]<十: 6>	咸減切[上豏匣]	胡黤切[上檻匣]	≠V

63) 又徒得切[入德定]<『廣韻』>
64) 又布玄切[平先幫]<『廣韻』>
65) 又匹妙切[去笑滂]<『廣韻』>
66) 又符霄切[平宵並]<『廣韻』>
67) 『玉篇』의 反切

標題字[文脈]<出典>	行瑫 音注	中古音	備考
桁[桁䋄]<八: 1-2>	航浪切[去宕匣]	下浪切[去宕匣]	=4
	/又航音[平唐匣]非	胡郎切[平唐匣]	/≠#
	/又衡音[平庚匣]非	戶庚切[平庚匣]	/≠#
翮[鳥翮]<十: 17>	下革切[入麥匣]	下革切[入麥匣]	≡1
行[䖟行]*<八: 14>	戶剛切[平唐匣]	胡郎切[平唐匣]	=4
響[響嫌]*<九: 13-14>	向去聲呼[去漾曉]	許亮切[去漾曉]	=4
餉[餉致]<三: 43-44>	傷障切[去漾書]	式亮切[去漾書]68)	=4
噓[噓之]*<一: 27>	許居切[平魚曉]	朽居切[平魚曉]69)	=3
篋[篋]*<十: 9>	苦叶切[入帖溪]	苦協切[入帖溪]	=2
互[互跪]*<一: 17>	不取平聲	胡誤切[去暮匣]	=T#
胡[胡麻]*<一: 28>	胡音[平模匣]	戶吳切[平模匣]70)	=4#
瓠[瓠蔓架]<八: 9>	護音[去暮匣]	胡誤切[去暮匣]	=4#
婚[婚姻]*<六: 1>	昏音[平魂曉]	呼昆切[平魂曉]	=4#
畫[刻畫]*<二: 4-5>	胡桂切[去霽匣]	胡卦切[去卦匣]71)	≠V
禍[禍酷]<一: 15>	胡果切[上果匣]	胡果切[上果匣]	≡1
穫[收穫]<九: 9>	胡郭切[入鐸匣]	胡郭切[入鐸匣]	≡1
晃[晃昱]*<十: 19>	胡廣切[上蕩匣]	胡廣切[上蕩匣]	≡1
灰[若灰]*<六: 18>	呼回切[平灰曉]	呼恢切[平灰曉]	=2
洄[洄洑]*<四: 6-7>	回音[平灰匣]	戶恢切[平灰匣]	=4#
梟[鴟梟梟]*<三: 4>	皎堯切[平蕭見]	古堯切[平蕭見]	=3
矕[各矕]<一: 6>	許僅切[去震曉]	許覲切[去震曉]	=2

以下 "漢字字典 未提供 未分類字"

嫡[嫡田]<六: 2>	聲隻切[入昔書]	施隻切[入昔書]	=3
懵[懵悗]<六: 10-11>	落孔切[上董來]	力董切[上董來]	=4
	/又去聲	盧貢切[去送來]72)	/=4
撲[椎撲]*<七: 8>	步角切[入覺並]	蒲角切[入覺並]	=3
穭[穭穭]<二: 12>	苦外切[去泰溪]	苦會切[去泰溪]73)	=2

---

68) 又始兩切[上養書]<『集韻』>
69) 又許御切[去御曉]<『廣韻』>
70) 又荒烏切[平模曉]<『廣韻』>
71) 又胡麥切[入麥匣]<『廣韻』>
72) 『集韻』의 反切

篇[篇風]*<五: 2>	式戰切[去線書]	式戰切[去線書]	≡1
滓[滓筏]*<三: 35>	步皆切[平皆並]	薄佳切[平佳並]	≠V
羆[羆利]*<三: 1-2>	居例切[去祭見]	居例切[去祭見]	≡1
趣[趌趣]<六: 22>	居月切[入月見]	居月切[入月見]	≡1
躑[跳躑]<四: 11-12>	呂張切[平陽來]	呂張切[平陽來]	≡1
騎[驚騎]*<四: 18>	奔音[平魂幫]	逋昆切[平魂幫]	=4#
鼻[鳧鼻]*<三: 34>	力音[入職來]	林直切[入職來]	=4#
䕳[䕳麥]<三: 10>	古猛切[上梗見]	古猛切[上梗見]	≡1
麋[床麋]*<三: 12>	莫皮切[平支明]	麋爲切[平支明]	=4

3. 行瑣 音疏의 特徵과 意義

3.1. 行瑣 音疏 槪觀

앞 章에서 提示된 行瑣 音疏에 대한 論議에 앞서 漢語 中古音系와의 異同에 관한 全貌를 槪觀해보면 다음과 같다.

	≡1	=2	=3	=4	≠I	≠V	≠T	기타	計
同音例	116	60	52	198					426
異音例					13	22	7	9	51
計	116	60	52	198	13	22	7	9	477

筆者의 調査에 따르면, 行瑣 音疏에는 總 396字에 대한 477個의 音注가 登場하는데, 이들 중에서 漢語 中古音과의 同音例가 426/477=89.31%나 차지하고 있으므로 異音例는 10% 미만의 數値를 보인다. 또한 이 同音例 중의 反切 完全一致例('≡1')만 하여도 116/426=27.23%나 차지하고 있음은 이 자료가 切韻系 韻書 내지 中古音 資料에 어느 정도로 依支한 것인지를 잘 보여준다고 하겠다.

---

73) 『集韻』의 反切

이는 行瑫 音疏가 10世紀 漢音의 實際를 正確히 反映하고 있느냐 하는 점에 疑心을 품어볼 만한 충분한 근거가 될 것이다. 그럼에도 불구하고 筆者가 이 자료에 주목하는 이유는 高田時雄(1994: 137-138)에서 말한 바와 같이 行瑫 音疏를 통하여 聲母에 있어서 '非-敷 相混', 韻母에 있어서 '志-至 相混', '佳-皆 相混', '願-線 相混', '麥-陌 相混', '元-仙 相混' 등 당시의 音韻的 特徵을 反映한 예들을 찾을 수 있을 뿐만 아니라, 그의 논의에서 檢討하지 못한 音注 222례 (*)에 대한 분석까지를 包含한 것이어서 당시의 音韻 特徵에 대한 좀더 폭넓은 理解가 가능할 것이라는 期待感 때문임을 밝혀둔다.

3.2. 行瑫 音疏와 中古音間 不一致例 檢討

이 節에서는 앞에서 抽出된 51개의 中古音 不一致例들에 대한 檢討를 행하고 자 한다. 이를 위하여 聲母·韻母·聲調 및 其他로 나누어 旣存에 論議된[74] (晩唐 ~)五代音系의 特徵들과 比較·檢討할 것이다.

3.2.1. 聲母

(1)聲母 不一致例A

標題字[文脈]<出典>	行瑫 音注	中古音	備考
①泛[泛愛]<一: 5>	方梵切[去梵非]	孚梵切[去梵敷]	'非↔敷'
②紡[細絲紡]<九: 16>	方罔切[上養非]	妃兩切[上養敷]	'非↔敷'
③糞[糞掃]*<三: 52>	芳問切[去問敷]	方問切[去問非]	'敷↔非'
④脯[脯]*<十: 10>	孚武切[上麞敷]	方矩切[上麞非]	'敷↔非'
⑤枚[四枚]*<四: 22>	未盃切[平灰微]	莫杯切[平灰明]	'微↔明'
⑥鞦[鞦靾]*<三: 14>	提音[平齊定]	都奚切[平齊端]	'定↔端'
⑦榛[深榛]<五: 5-6>	士臻切[平臻崇]	側詵切[平臻莊]	'崇↔莊'
[駪榛]*<七: 3>	士臻切[平臻崇]	側詵切[平臻莊]	'崇↔莊'

---

74) 본고에서 참조한 주요 논저로는 羅常培(1933) 中 "(三)從開蒙要訓의 注音中所窺見的五代燉煌方音"(pp.75-135), 邵榮芬(1963), 王力(1985) 中 "第五章 晩唐—五代音系(836-960)"(pp.228-259), 高田時雄(1988, 1994) 등이다. 다만, 서술의 便宜上 諸家의 논의들에서 異見이 없을 때에는 邵榮芬(1963)의 견해를 대표로 삼아 比較·敍述하되, 異見이 있을 경우는 해당 학자의 견해를 들어 그 차이를 서술할 것임을 밝혀둔다.

⑧摧[摧催]*<六: 23>　倉回切[平灰清]　昨回切[平灰從]　'清↔從'
⑨䐁[脚䐁]<三: 38>　食栗切[上獺船]　市克切[上獺禪]　'船↔禪'

(1)은 既存에 論議된 特徵들과 일치하거나, 비슷한 예들로서 漢語音韻史的으로 일정한 의미를 둘 수 있는 것들이다.

첫째, ①~②는 高田(1994)에 제시된 것과 동일한 예들이거니와, 이와 동일한 것으로 ③~④의 예도 더 있음이 드러난다. 이들은 高田(1994: 137)에서 지적된 바와 같이 非母(/f-/75))·敷母(/f'-/)가 각각 幫母(/p-/)·滂母(/p'-/)에서 獨立한 후에는 全清 對 次清의 區分이 사라졌을 뿐만 아니라, 唐-五代期에 이미 輕脣音 /f/로 자리잡았음을 알려주는 것들이다. ⑤도 이와 同一하게 당시에 微母도 輕脣音 /ɱ/로 자리잡았음을 알려주는 예이다. 따라서 ①~⑤는 당시 漢語音系에서 輕脣音(=脣齒音) 系列의 獨立을 證言하는 예들로서 기존의 논의 결과76)에도 부합되고 있다.

둘째, ⑥~⑧은 高田(1994)에서 크게 주목하지 않았던 예들로서 각각 '定母(/d-/)↔端母(/t-/)', '崇母(/dʐ-/)↔莊母(/tʂ-/)', '清母(/ts'-/)↔從母(/dz-/)'의 代用을 통하여 이 시기에 濁音清化(有聲音의 無聲音化) 현상이 일정한 수준에 도달하였음을 보여주고 있다.

다만, 이들이 기존 논의와 다른 점은 舌音과 齒音 계열에만 치우쳐 분포한다는 점이다.77) 실제 脣音 계열에 있어서의 '幫母(/p-/)↔並母(/b-/)', '非母(/f-/)↔奉母(/v-/)'의 代用이나, 牙·喉音 계열에 있어서의 '見母(/k-/)↔羣母(/g-/)', '影母(/ʔ-/)↔匣母(/ɦ-/)'의 代用例가 전혀 나타나지 않고 있음은 特記할 만하다. 이는 종전의 漢語音韻史 논의들에서 지적되지 않은 특징으로서 **濁音清化**

_____

75) 본고에서 제시되는 中古音의 音價 추정은 權仁瀚(2009)의 凡例 vii~viii의 [표 2, 3]에 의함. 이하 동일함.

76) 邵榮芬(1963: 196): (一)輕重脣音分化

77) 기존의 논의들에서 濁音清化 현상이 調音位置나 方法에 따라 그 진행 속도에 차이가 난다는 보고는 아직 없는 것으로 알고 있다. 王力(1985)를 제외한 羅常培(1933), 邵榮芬(1963), 高田時雄(1988, 1994)에서는 이 시기에 濁音清化 현상이 전체적으로 일어난 것으로 보고 있는, 반면 王力(1985)에서는 아직 이 현상이 일어나지 않은 것으로 보고 있다. 이는 王力(1985)의 논의 자료인 『說文系傳(=說文解字繫傳)』(南唐 徐鍇(920~974)傳釋, 朱翺(?~?) 反切)이 南唐 수도인 金陵(=南京)의 地域性을 반영한 것에 말미암는 것으로 판단된다. 羅常培(1933) 등에서는 敦煌 중심의 西北方音 자료를 이용한 것임을 참조

현상이 調音位置에 따라 달리 발달되었을 가능성 즉, 邊子音(脣·牙·喉音; [+grave])보다는 中子音(舌·齒音; [-grave])에서 먼저 일어났을 가능성을 알려 준다는 점에서 소중한 예로 삼아도 좋을 것이다. 앞으로 音韻變化의 漸進性과 관련하여 濁音淸化 현상을 좀더 정밀하게 살펴볼 가능성을 발견한 점에 意義를 두고자 한다.78)

(2)聲母 不一致例B

標題字[文脈]<出典>	行瑤 音注	中古音	備考
①肛[皺肛]<四: 13-14>	女六切[入屋娘]	而六切[入屋日]	'娘↔日'
②輅[輅上]<五: 10>	又落音[入鐸來]	轄格切[入陌匣]	'來↔匣'
③掃[糞掃]*<三: 52>	橙躁切[去號澄]	蘇到切[去號心]	'澄↔心'

(2)는 기존의 논의들에서 擧論된 바 없는 예들이다.

먼저 ①~②는 당시에 同一 聲符에 의한 類推音 發達의 사례로 보아야 할 것이다. 日母字인 '肛'의 음이 娘母로 注音된 것은 同一 聲符('丑')의 娘母字 '忸, 衄' 등에, 匣母字인 '輅'의 음이 來母로 注音된 것도 同一 聲符('各')의 來母字 '洛, 絡, 珞, 酪, 駱' 등에 유추된 것으로 봄이 합리적인 것으로 판단되기 때문이다.79) 덧붙여 이러한 類推音의 발달 사례로는 앞서 본 '摧'의 예((1)-⑧)도 추가될 수 있다. 즉, 從母字인 '摧'의 음이 淸母로 注音된 것도 同一 聲符('崔')의 淸母字 '催, 崔' 등에 유추된 것으로 볼 수 있기 때문이다. 이렇게 된다면 당시 漢音의 또다른 특징으로 類推音의 발달을 꼽을 수 있을 것이다.

---

78) 그러나 이는 기존의 漢語音韻史에서 전혀 논의된 바가 없는 특징이라는 점에서 부담이 될 수 있다. 이러한 점에서 行瑤의 출신지가 현재의 吳方言圈인 雪川(=浙江省 湖州) 長城人이라는 사실에 주목할 필요가 있다. 현대 吳方言의 가장 큰 특징의 하나는 바로 아직도 有聲音 對 無聲音의 대립이 그대로 유지됨으로써 오늘날에도 濁音淸化가 일어나지 않고 있다는 점인데(J. Norman/全廣鎭 譯 1996: 291-292), 위의 특징은 당시에도 濁音淸化가 일어나지 않았을 地域音에 이끌린 결과로 볼 수 있을 가능성은 남아 있다. 앞으로의 과제로 남기고자 한다.

79) 다만, ①은 章炳麟이 말한 上古音에서의 '娘日二母歸泥說'의 예로 볼 수도 있다. 물론 이렇게 하기에는 時代的 相距가 너무 크기는 하지만, 아래 각주 83)에 보듯이 行瑤가 引用한 書目이 後漢~魏晉代에 걸쳐 있을 뿐만 아니라 이 시기에는 上古音의 흔적이 남아 있는 것으로 보고되어 있기 때문이다.

다만, 마지막 예인 ③은 현재로서는 그 通用關係를 설명하기 어려운 것으로 판단된다. '澄母(/ḍ-/)↔心母(/s-/)'의 通用은 漢語音韻史 논의에서 거론된 바가 없는 사례로 보이기 때문이다.

3.2.2. 韻母

(3)韻母 不一致例A(陰聲韻)

標題字[文脈]<出典>	行瑢 音注	中古音	備考
①唖[唖㖿]<四: 15>	五皆切[平皆疑]	五佳切[平佳疑]	皆↔佳
②㖿[唖㖿]<四: 15>	士皆切[平皆崇]	鉏佳切[平佳崇]	皆↔佳
③箄[箄筏]*<三: 35>	步皆切[平皆並]	薄佳切[平佳並]	皆↔佳
④畫[刻畫]*<二: 4-5>	胡桂切[去霽匣]	胡卦切[去卦匣]	齊↔佳80)
⑤籬[籬柵]<三: 6-7>	呂伊切[平脂來]	呂支切[平支來]	脂↔支
籬 [若籬]*<八: 7>	呂遲切[平脂來]	呂支切[平支來]	脂↔支
⑥試[試弄]<二: 3>	尸至切[去至書]	式吏切[去志書]	脂↔之
⑦犇[犇牛]*<九: 25>	麥包切[平肴明]	謨袍切[平豪明]	肴↔豪

(3)은 陰聲韻字들로서 각각 蟹攝(①~④), 止攝(⑤~⑥), 效攝(⑦)에 속하면서 漢語音韻史的으로도 일정한 의미를 둘 수 있는 예들이다.

첫째, 蟹攝에 속하는 ①은 高田(1994)에 제시된 것과 동일한 예이거니와, 이와 동일한 類型으로 ②~③의 예도 더 있음이 드러난다. 이들은 高田(1994: 137)에서 지적된 바와 같이 '皆韻(/-ɐi/)↔佳韻(/-ai/)'의 通用例로서 皆·佳韻의 合流를 증언하는 예들인 동시에 기존의 논의 결과81)에도 부합되고 있다.

다만, ④는 기존의 논의들에서 지적되지 않은 '齊韻合(/-wei/)↔佳韻合 (/-wai/)'의 通用을 보여주고 있으나, 필자가 아는 한 이러한 齊·佳韻의 混同은 漢語音韻史 논의에서 거론된 바 없는 특이례로 보아야 할 듯하다.

둘째, 止攝에 속하는 ⑤~⑥도 高田(1994)에 제시된 것과 동일한 예이거니와, 이들은 高田(1994: 137)에서 지적된 바와 같이 脂韻(/-iěi/)↔支韻(/-iěɪ/) ↔之韻(/-iəɪ/) 상호간의 合流를 증언하는 通用例들인 동시에 기존의 논의

---

80) 非平聲字의 예들은 논의의 편의상 平聲韻으로 바꾸어 通用關係를 표시한다.
81) 邵榮芬(1963: 207): (七)皆和佳的關係⇒皆· 佳相混.

결과82)에도 부합되고 있다.

셋째, 效攝에 속하는 ⑦은 高田(1994)에 제시되지 않은 예로서 주목된다. 왜냐 하면 肴韻(/-au/)↔豪韻(/-ɑu/)의 合流는 宋代에 이르러서야 보이기 때문이다(王力 1985: 264-265 참조83)). 이는 行瑫 音疏에 시대를 앞서간 사례도 포함되어 있음을 증언할 수도 있다. 다만, 그 이유에 대해서는 자세히 알기 어려우나, 行瑫가 『大藏經音疏』 찬술을 위하여 참조한 某種의 文獻音84) 또는 地域音85)이 반영된 결과로 보아야 하지 않을까 한다.

(4)韻母 不一致例B(陽聲韻)

標題字[文脈]<出典>	行瑫 音注	中古音	備考
①檻[檻櫃]<十: 6>	咸減切[上豏匣]	胡黤切[上檻匣]	咸↔銜
②券[書券]<二: 15>	丘眷切[去線溪]	去願切[去願溪]	仙↔元
③串[串其]<六: 19>	又幻音[去襇匣]	胡慣切[去諫匣]	山↔刪
④板[板薗]*<六: 8-9>	逋限切[上産幫]	布綰切[上濟幫]	山↔刪
⑤秔[秔米]*<二: 11>	哽莖切[平耕見]	古行切[平庚見]	耕↔庚
⑥坑[坑岸]*<十: 4>	苦耕切[平耕溪]	客庚切[平庚溪]	耕↔庚
⑦桭[桭縆]<八: 11-12>	百盲切[平庚幫]	府盈切[平清幫]	庚↔清
⑧屏[屏隑]*<三: 39>	必並切[上迥幫]	必郢切[上靜幫]	靑↔清
⑨洴[洴萍]*<二: 19>	毗拼切[平清並]	薄經切[平靑並]	清↔靑

(4)는 陽聲韻字들로서 각각 咸攝(①), 山攝(②~④), 梗攝(⑤~⑨)에 속하면서 漢語音韻史的으로도 일정한 의미를 둘 수 있는 예들이다.

---

82) 邵榮芬(1963: 202): (一)止攝各韻不分.
83) 王力은 宋代 音系에 肴·豪 兩韻의 合流를 반영하여 '豪包 /-au/' 韻部를 설정하고 있다.
84) 이와 관련하여 行瑫 音疏의 夾註 속에 등장하는 文獻들은 後漢代에서 魏晉代까지에 걸쳐 있고, 그 중에서 가장 많이 인용된 문헌은 『玉篇』인 것으로 조사되고 있다. ※主要 引用 文獻: 『說文解字』(121, 許愼), 『周禮』(後漢, 鄭玄(127~200) 註疏), 『國語(註)』(周, 左丘明/三國 吳, 韋昭(204~273) 註疏), 『廣雅』(三國, 張揖), 『字林』(晉(265~419), 呂忱), 『玉篇』(543, 顧野王) 등.
85) 이와 관련하여 唐五代 河南地域 詩人들의 用韻을 연구한 朴柔宣(2001: 23)에서 李商隱의 "自喜"라는 五律詩에 肴豪通押이 보고되어 있다는 점에서 (3)-⑦은 당시에 특정 지역에 實在한 音으로 볼 수 있지도 않을까 한다.
　　※肴豪通押1次: 李商隱五律《自喜》叶 "巢(肴) 苞(肴) 庖(肴) 醪(豪)"

첫째, 咸攝에 속하는 ①은 高田(1994)에 제시되지 않은 예이나, 이는 '咸韻(/-ɐm/)↔銜韻(/-am/)'의 通用을 보임으로써 咸·銜韻의 合流를 증언하는 예인 동시에 기존의 논의 결과86)에도 부합되고 있다.

둘째, 山攝에 속하는 ②는 高田(1994)에 제시된 것과 동일한 예이거니와, 이 밖에 ③~④의 예도 더 있음이 드러난다. 이들은 '仙韻(/-ɪɛn/)↔元韻(/-ɪʌn/)'<②>, '山韻(/-ɛn/)↔刪韻(/-an/)<③~④>의 通用으로써 仙·元, 山·刪韻의 合流를 證言하는 예들인 동시에 기존의 논의 결과87)에도 부합되고 있다.

셋째, 梗攝에 속하는 ⑤~⑨는 高田(1994)에 제시되지 않은 예들이나, 여기에 보이는 '耕韻(/-eŋ/)↔庚韻(/-aŋ/)'<⑤~⑥>, '庚韻(/-aŋ/)↔淸韻(/-iɛŋ/)'<⑦>, '靑韻(/-eŋ/)↔청운(/-iɛŋ/)'<⑧~⑨>의 通用으로써 耕·庚, 庚·淸, 靑·淸韻의 合流를 證言하는 예들인 동시에 기존의 논의 결과88)에도 부합되고 있다.

(5)韻母 不一致例C(入聲韻)

標題字[文脈]<出典>	行瑙 音注	中古音	備考
①凹[容凹]<九: 23>	於甲切[入狎影]	烏洽切[入洽影]	狎↔洽
②搩[搩手]<九: 22>	張革切[入麥知]	陟格切[入陌知]	麥↔陌
③軶[軶柅]*<八: 10>	厄音[入麥影]	於格切[入陌影]	麥↔陌
④輅[輅上]<五: 10>	又落音[入鐸來]	轄格切[入陌匣]	鐸↔陌
⑤哵[哵耳]<七: 6>	角音[入覺見]	古祿切[入屋見]	覺↔屋
⑥鵵[鵁鵵鷂]*<三: 4>	他若切[入藥透]	他谷切[入屋透]	藥↔屋

(5)는 入聲韻字들로서 각각 咸攝(①), 梗攝(②~③)에 속하거나, 梗·江·通攝 관련 예들(④~⑥)이면서 漢語音韻史的으로도 일정한 의미를 둘 수 있는 예들이다.

첫째, 咸攝에 속하는 ①은 高田(1994)에 제시되지 않은 예이나, 이는 '狎韻(/-ap/)↔洽韻(/-ɐp/)'의 通用으로써 狎·洽韻의 合流를 증언하는 예인 동시에

---

86) 邵榮芬(1963: 209): (三)覃·談合倂, 咸·銜合倂.
87) 邵榮芬(1963: 208): (二)山·刪合倂, 仙·元·先合倂.
88) 邵榮芬(1963: 209): (四)庚三等和淸·靑不分.

기존의 논의 결과89)에도 부합되고 있다.

둘째, 梗攝에 속하는 ②는 高田(1994)에 제시된 것과 동일한 예이거니와, 이 밖에 ③의 예도 더 있음이 드러난다. 이들은 '麥韻(/-ɐk/)↔陌韻(/-ak/)'의 通用 例로서 麥·陌韻의 合流를 證言하는 예들인 동시에 기존의 논의 결과90)에도 부합되고 있다.

셋째, 梗·江·通攝 관련 예들에서 보이는 '鐸韻(/-ɑk/)↔陌韻(/-ak/)'<④>, '覺韻(/-auk/)↔屋韻(/-ɪuək/)'<⑤>, '藥韻(/-iak/)↔屋韻(/-ɪuək/)'<⑥>의 通 用例들은 기존의 논의들에서 거론되지 않았을뿐더러 漢語音韻史的으로도 의 미를 두기 어려운 예들로 판단된다.

다만, ④에 대하여 앞에서 同一 聲符에 의한 類推音 발달례로 본 바 있거니와, ⑤도 同一 聲符 '角'에 의한 類推音임에 거의 틀림없다는 점에서 類推音의 발달 로 이와 같이 특이한 通用關係를 보인 것으로 정리해도 좋을 것이다.

3.2.3. 聲調 및 其他

(6)聲調 不一致例

標題字[文脈]<出典>	行瑫 音注	中古音	備考
①師[史師]<九: 10>	率至切[去至生]	疏夷切[平脂生]	去↔平
②盂[銅盂]*<十: 1>	羽遇切[去遇雲]	羽俱切[平虞雲]	去↔平
③膽[膽含]<四: 18-19>	都甘切[平談端]	都敢切[上敢端]	平↔上
④咩[咩々]<四: 21>	弥夜切[去禡明]	母野切[上馬明]	次濁去 ↔次濁上
⑤彷[彷徉]*<一: 19>	/又去聲	妃兩切[上養敷]	次清去 ↔次清上
⑥繖[繖傘]*<三: 25>	散[上旱心]_上去	蘇旱切[上旱心]	+去
⑦互[互跪]*<一: 17>	不取平聲	胡誤切[去暮匣]	+平

(6)은 聲調 不一致例들로서 '以去注平'(①~②), '以平注上'(③), '以去注上'(④ ~⑤)의 관계를 보여주거나, 韻書類에서 찾을 수 없는 성조의 존재를 보여주는 예((⑥~⑦) 등이다.

---

89) 邵榮芬(1963): 無言及, 羅常培(1933: 116) 以狎注洽例: 食夾↔甲.
90) 邵榮芬(1963: 212): (四)陌二等·麥不分.

이들 중에서 주목할 만한 것은 역시 '以去注上'의 예들로 판단되는데, 이는 漢語音韻史에서 유명한 濁上變去 현상91)과의 관련성 때문이다. 그런데 위의 비고란에서 보듯이 濁上變去에 해당되는 예는 ④하나에 그치고 있으므로 이를 어떻게 해석할 것인가가 문제이다. 母數가 작기는 하지만 外見上 50%(1/2)의 一致率을 보이고 있으므로 이 자료에서도 濁上變去가 어느 정도 진행된 것으로 볼 것인지, 아니면 단순히 上去相混을 일으킨 것으로 볼 것인지가 曖昧하기 때문이다. 여기에서는 일단 後者의 해석이 타당할 것으로 보아 이 자료에서는 특정한 聲調的 變動보다는 羅常培(1933: 123-126)에서 제시된 것과 같은92) 다양한 종류의 聲調的 錯綜 注音例들이 존재한 것으로 보고자 한다.

한편, 韻書類(『廣韻』·『集韻』)에서 찾을 수 없는 성조의 존재를 보여주는 ⑥~⑦의 예는 각각 中古音의 上聲과 去聲 외에 去聲과 平聲이 더 있었던 것으로 되어 있으나, 이들이 同時代의 성조를 보여주는 것인지의 與否는 판단하기 어려우므로 漢語音韻史的 의미를 두기는 어려운 듯하다.93)

(7)特異 音注例 등

標題字[文脈]<出典>	行珞 音注	中古音	備考
①國瓜[國瓜王]<四: 16-17>		古麥切[入麥見]	---
②趑[趑趣]<六: 22>	/又居逸切[入質見]	---	
③妊[妊娠]*<五:3-4>	汝針切[平侵日]	---	
④㛮[㛮*]*<四: 15-16>		座音[去過從]	---
⑤筥[竹筥]<三: 26>	/又語音[上語疑]	---	
⑥蘆[蘆蔔芳]<三: 42>	/羅音[平歌來]	---	
⑦晡[晡時]*<一: 1-2>	/又烏音	---	
⑧桁[桁曬]<八: 1-2>	/又航音[平唐匣]非	胡郎切[平唐匣]	
	/又衡音[平庚匣]非	戶庚切[平庚匣]	

---

91) 邵榮芬(1963: 216): 濁上變濁去.
92) '以平注上例'('侵' 등 12자), '以上注平例'('姑' 등 10자), '以上注去例'('詠' 등 14자), '以平注去例'('癯' 등 5자), '以去注平例'('愚' 등 4자).
93) 다만, ⑥의 '蘺'자의 경우는 後代 韻書인 『增修互注禮部韻略』(1162), 『洪武正韻』(1375) 등에서 上去 두 성조를 찾을 수 있음이("小學堂 韻書集成" Homepage 참조) 주목된다. 시대적인 相距의 문제가 없지는 않으나, 앞서 본 (3)-⑦의 肴·豪韻 合流와 비슷한 경우로 볼 수도 있을 것이다.

(8)은 韻書類에서 찾을 수 없는 특이 異音을 보여주거나(①~⑦), 韻書(=『廣韻』)의 異音들을 부정한 예(⑧) 등이다.

먼저 韻書類에서 찾을 수 없는 특이 異音을 보여주는 예들 중 ①~④는 聲符 '國', '吉', '壬', '坐'에 의한 類推音의 發達例로 볼 수 있는 것으로 판단된다. 따라서 行瑫 音疏의 특징의 하나인 類推音의 발달례에 추가할 수 있다는 점에서 의의를 찾을 수 있다.

그러나 ⑤~⑦의 예에 대해서는 그 의미를 속단하기는 어렵다. 다른 문헌들에서 이와 동일한 音의 존재가 확인되지 않는 한에서는 이들이 行瑫의 個人音인지 地域/文獻音인지의 여부를 가리기 어렵기 때문이다. 다만, 『廣韻』의 異音을 부정한 ⑧의 예는 '桁曬(=횃대(衣架)를 햇볕에 쬐다.)라는 문맥에서는 '航浪切[去宕匣]'의 音이 옳고, 나머지 '航音, 衡音'은 옳지 않다는 의미일 뿐만 아니라, 실제 韻書類에서의 뜻풀이와도 일치하고 있어서[94] '桁'의 文脈音 指定用法을 확인할 수 있다는 점에서 漢語音韻史的 意義를 찾을 수 있음이 주목된다.

3.3. 行瑫 音疏의 漢語音韻史的 意義

우선 앞 절에서 행한 中古音과의 不一致 51例에 대한 검토 결과를 모아 표로 보이면 다음과 같다.

---

1. 聲母面(밑줄[下線]: 旣存 論議와 符合되는 部分)

(1)輕脣音 系列의 獨立: (1)-①~⑤

(2)濁音淸化와 調音位置의 關係: (1)-⑥~⑧

(3)類推音의 發達例 存在: (2)-①~②

(4)未詳의 通用關係: (2)-③

---

94) 桁1 [《廣韻》戶庚切, 平庚, 匣。]
　①梁上或門框、窗框等上的橫木。②謂懸掛於橫木上。③古代葬具。
　桁2 [《廣韻》胡郎切, 平唐, 匣。]
　①大械。古代加在犯人頸上或腳上的刑具。②航, 浮橋。③量詞。
　桁3 [《集韻》下浪切, 去宕, 匣。]
　①衣架。②指曬衣竿。　　　　　　　<『漢語大詞典』>

2. 韻母面
(1)皆·佳韻 合流: (3)-①~③
(2)未詳의 通用關係: (3)-④
(3)脂·支·之韻 合流: (3)-⑤~⑥
(4)肴·豪韻 合流: (3)-⑦
(5)咸·銜韻 合流: (4)-①
(6)仙·元, 山·刪韻 合流: (4)-②~④
(7)耕·庚, 庚·清, 青·清韻의 合流: (4)-⑤~⑨
(8)狎·洽韻 合流: (5)-①
(9)麥·陌韻 合流: (5)-②~③
(10)未詳의 通用關係: (5)-④, ⑥
(11)類推音의 發達例 存在: (5)-⑤
3. 聲調面
(1)聲調的 錯綜 注音例들의 存在: (6)-①~⑤
(2)未詳의 聲調 存在: (6)-⑥~⑦

4. 其他
(1)類推音의 發達例 存在: (7)-①~④
(2)特異 注音의 存在: (7)-⑤~⑦
(3)文脈音 指定例 存在: (7)-⑧

위의 표를 통해서 보면, 行瑫 音疏에는 기존에 논의된 唐~五代 西北方音의 특징에 符合되는 部分(9/20)과 그렇지 않은 부분이 半分되어 있음을 알 수 있다. 이를 念頭에 두면서 行瑫 音疏의 漢語音韻史的 意義를 정리해보면 다음과 같다.

우선 唐~五代 西北方音의 특징에 符合되는 部分이 主流를 形成하고 있음은 行瑫가 『大藏經音疏』의 편찬을 위하여 中古音系 資料에 자료에 거의 絶對的으로 依據하면서도(約 90%의 一致度) 部分的으로 당시의 西北方音을 반영한 資料들에도 依支하였음을 뜻할 것이다.

다만, 당시의 西北方音을 있는 그대로 온전하게 反映한 것이 아님에도 留意해야 한다. 예를 들어 邵榮芬(1963: 215-216)에서 정리된 唐五代 西北方音의 特

徵 27條와 行瑫 音疏의 一致度를 거칠게 計算해보면, 9/27≒33.3% 정도에 그치고 있기 때문이다. 그럼에도 불구하고 唐~五代 西北方音의 특징에 符合되지 않는 예들을 통하여 기존 논의들에서 드러나지 않은 五代期의 音韻的 特徵을 조금이나마 補完할 수 있음은 特記할 만하다. 이들을 정리해서 보이면 다음과 같다.

① 類推音의 發達이 廣範圍하게 나타나므로 이 시기의 漢字音의 큰 특징의 하나로 볼 수 있다.
② 文獻音의 影響인지, 地域音의 影響인지가 分明하지는 않으나, 部分的으로 宋代音에 가까운 特徵들도 確認할 수 있다.
③ 濁音淸化가 西北方音보다 縮小되어 나타남을 통하여 調音位置에 따라 달리 발달되었을 가능성을 確認할 수 있다.
④ 文脈音 指定 事例를 確認할 수 있다.
⑤ 韻書類에서 確認할 수 없는 漢字音 또는 未詳의 通用關係例의 存在도 確認할 수 있다.

요컨대 行瑫 音疏가 지니는 漢語音韻史的 意義로 10世紀 漢音(=五代音) 硏究를 위한 새로운 資料源으로서의 價値가 充分한 것으로 要約해도 좋을 것이다.
앞으로 行瑫 音疏의 殘存本 및 佚文들에 대한 綜合的인 硏究를 통하여 본고에서의 결론을 보완해야 할 것이다. 또한 行瑫 音疏와 慧琳『一切經音義』의 異同比較를 행하여 韓國漢字音의 母胎音에 대한 論議 등 후속 작업이 필요할 것이다. 앞으로의 課題로 남기고자 한다.

<參考文献>

高田時雄(1988), 『敦煌資料による中國語史の硏究』, 東京: 創文社.

_____(1994), 「可洪隨函錄と行瑫隨函音疏」, 高田時雄(編), 『中國語史の
　　　資料と方法』, 京都大學 人文科學硏究所, pp.109-156.

_____(2010), 「藏經音義の敦煌吐魯番本と高麗藏」, 高田時雄(主編), 『敦
　　　煌寫本硏究年報』 4, 京都大學人文科學硏究所 西陲發現中國中世寫本
　　　硏究班, pp.1-13.

_____(2012), 「新出の行瑫『內典隨函音疏』に關する小注」, 高田時雄(主
　　　編), 『敦煌寫本硏究年報』 6, 京都大學人文科學硏究所 西陲發現中國中
　　　世寫本硏究班, pp.1-12.

權仁瀚(1997), 「한자음의 변화」, 國語史硏究會 編, 『國語史硏究』, 태학사,
　　　pp.283-344.

_____(2009), 『中世 韓國漢字音의 分析的 硏究: 資料篇』, 博文社.

_____(2015), 『廣開土王碑文 新硏究』, 박문사.

羅常培(1933), 『唐五代西北方音』, 上海: 國立中央硏究院歷史語言硏究所 單
　　　刊甲種之十二.

朴柔宣(2001), 「唐五代河南詩人用韻硏究」, 南京大 博士學位論文, pp.v+1-147.

邵榮芬(1963), 「敦煌俗文學中的別字異文和唐五代西北方音」, 『中國語文』 1963
　　　年 第3期, pp.193-217.

周祖謨(1993), 「唐五代的北方方音」, 『周祖謨學術論著自選集』, 北京師範學院
　　　出版社, pp.311-327.

中文大辭典編纂委員會(1973), 『中文大辭典: 普及本』, 中國文化大學出版部.

漢語大詞典編輯部(1999), 『漢語大詞典』(CD-ROM 2.0版), 商務印書館(香港)
　　　有限公社.

J. Norman/全廣鎭 譯(1996), 『중국언어학 총론』, 서울: 東文選.

□ 성명 : 權仁瀚(Inhan KWON)
　　주소 : 韓國 03063 서울시 종로구 성균관로 25-2 成均館大學校 國語國文學科
　　전화 : +82-10-9733-0617
　　전자우편 : ihkwon@skku.edu

□ 이 논문은 2017년 10월 20일 투고되어
　　　　　2017년 11월 15일부터 11월 30일까지 심사하고
　　　　　2017년 12월 10일 편집회의에서 게재 결정되었음.

韩国朝鲜朝留学政策

金兰

(中國, 北京大)

<Abstract>

Studying abroad policy is an important means of learning foreign languages. The kings of Korea in Joseon Dynasty once developed studying abroad policies. This paper expatiates on the background and process of the studying abroad policies in that period of time. Although the attempts of dispatching students to Ming Dynasty of China failed due to Ming's rejection, the kings of Joseon Dynasty conducted their policies in a flexible way and achieved some success. The discussions, arguments and initiatives on this issue became an important part of the studying abroad policies in Joseon Dynasty. This research is of great value to the study of Chinese language teaching in Korean history.

Key Words : Korea, Joseon Dynasty, Studying Abroad, Policy

一. 引言

留学政策是培养外语人才的重要手段。韩国朝鲜时代曾经制定过留学政策，这一政策经过多次讨论才得以成形，但却因明朝的反对而最终流产。从实际情况看，朝鲜朝统治者采取了一种变通方式，派遣学生前往中国学习，并取得了一定成效。朝鲜朝历代统治者就这一问题所进行讨论及举措，构成了朝鲜朝留学政策的重要内容。对韩国朝鲜朝时期留学政策的考察，对我们今天了解和研究当时的汉语教学状况有着非常重要的价值。

二. 朝鲜朝留学政策产生背景

朝鲜朝留学政策的产生有着特殊的历史背景，其一是宗藩体制下的对华关系；其二是朝鲜社会的语言状况。前者决定了朝鲜朝统治者必须定期派遣使团前往中国，后者则反映了朝鲜社会汉语人才的匮乏。在与中国的朝贡关系中，两国间的使节往来频繁，但语言不通成为两国交往的巨大障碍，因此，汉语人才培养始终是朝鲜朝统治者重点关注的问题。

世宗二十四年(1442)有如下讨论：

> 乙巳/司译院都提调申概等启：“国家深虑事大礼重，务崇华语，劝课之方，至为详密。然能通华语者罕少，虽或有通者，音亦未纯，每当中国来使，御前传语，尤难其人。今观业译者习华语至十年之久，而不及奉使中国数月往来之熟。此无他，于中国则凡所闻所言，无非华语，而耳濡目染，在本国之时，入本院则不得已而习汉音，若常时则令用乡语，一日之内，汉语之于乡语，不能十分之一也。此正孟子所谓一齐人傅之，众楚人咻之，虽日挞而求其齐，不可得者也。[1]

“国家深虑事大礼重，务崇华语，劝课之方，至为详密。”说明朝鲜朝统治者将“事大”政治作为国家要务，将学习汉语置于重要位置，并为此制定了一系列政策措施。“然能通华语者罕少，虽或有通者，音亦未纯，每当中国来使，御前传语，尤难其人。”反映了朝鲜朝汉语口语人才的极度匮乏，直接影响了与中国来使的语言沟通。“今观业译者习华语至十年之久，而不及奉使中国数月往来之熟。”说明了朝鲜朝汉语教学的现实，即在国内学习十年之久，也抵不过出使中国数月所学。朝鲜朝统治者迫于政治压力，同时又面对汉语人才的匮乏，所能采取的最直接的应对措施便是留学政策。

朝鲜朝留学政策的重要依据是孟子的“邹孟氏庄岳众楚之训”[2]。朝鲜历代统治者

---

1) 《朝鲜王朝实录》世宗 95卷，24年(1442 壬戌 / 明正统 7年) 2月14日(乙巳) 第1条纪事。
2) 出自《孟子·滕文公下·近朱者赤 近墨者黑》。原文为：孟子谓戴不胜曰：“子欲子之王之善与？我明告子。有楚大夫于此，欲其子之齐语也，则使齐人傅诸？使楚人傅诸”曰：“使齐人傅之。”曰：“一齐人傅之，众楚人咻之，虽日挞而求其齐也，不可得矣；引而置之庄岳①之间数年，虽日挞而求其楚，亦不可得矣。……”①庄岳：齐国的街里

深知语言环境对外语学习的重要性，因此便将此训奉为"善谕"。"孟子所谓一齐人傅之，众楚人咻之，虽日挞而求其齐，不可得者也。"是孟子在劝戒戴不胜时所举的例子：一个人在楚国学习齐国话，即使老师是齐国人，周围也都是楚国人，离开老师，每天还是在说楚国话，无法学会齐国话；但把他放到齐国生活几年，离开了楚国的语言环境，自然就能学会齐国话。这个例子形象地说明了语言环境对于语言学习的重要性。朝鲜朝统治者认为，孟子所强调的语言环境问题，对于朝鲜人学习汉语至关重要。因为"言语之说方变易、与时异同""舌本閒强，话头拙涩"，语音差异成为朝鲜语使用者学习汉语的主要障碍。通过向明朝派遣留学生，学习中国语言和文化，无疑是一种最佳途径。

朝鲜朝统治者对实施留学政策抱有希望还有另一层原因，即希望延续前朝留学政策。洪武五年(1372年)三月，高丽国王曾遣使要求向明朝派遣留学生，《太祖实录》有如下记载：

> 是月，高丽国王颛遣密直同知洪师范、郑梦周等奉表贺平夏，贡方物。且请遣子弟入太学。其词曰：秉彝好德，无古今愚智之殊，用夏蛮夷。在礼乐诗书之习。故我东夷之人，自昔以来，皆遣子弟入太学。不惟知君臣父子之伦，亦且仰声明(名)文物之盛。伏望皇仁察臣向化之诚，使互乡之童得齿虞庠之胄，不胜庆幸！上顾谓中书省臣曰：高丽欲遣子弟入学，此亦美事。但其涉海远来，离其父母，未免彼此怀思。尔中书令其国王与群下熟议之。为父兄者果愿遣子弟入学，为子弟者果听父兄之命，无所勉强，即遣使护送至京，或居一年或半年，听其归省也。[3]

但明初高丽未派遣子弟入学之事并无结果，在史籍中亦未见记载。但朝鲜朝统治者并未放弃努力。

名。庄，街名；岳，里名。
3) 《太祖实录》卷七十三，洪武五年三月，第二册，第1330页。

三. 朝鲜朝留学政策产生过程

汉语人才的匮乏，促使朝鲜朝统治者采取留学政策，作为培养汉语译官的最佳途径。朝鲜朝自世宗朝开始，曾三次向明朝请求派遣子弟入学，分别是在世宗十五年(1433)、世祖六年(1460)和世祖十四年(1468)。这些正式的请求，均因明朝以"不允"回复，而未能成行。此后，朝鲜中宗时代曾就派遣学生之事一议再议，却始终未敢上奏请遣。

朝鲜朝留学政策分为三个层次：上策为请遣入学明朝国子；中策为请遣入学辽东乡学；下策为遣使随团学习质正。

(一). 请遣入学明朝国子

第一次上奏请遣是在世宗十五年(1433)。但早在太宗之世，就曾尝试奏请，判府事卞季良制止说："本国通事所习之语，犹可以事大，何烦奏达?"因此未能实现。4)　世宗十三年(1431)，礼曹又为遣子弟赴辽东学习一事上奏世宗，但世宗认为条件尚未成熟，未予准奏。《世宗实录》对此记载如下：

> 礼曹启："一。遣子弟入学，郑渊、吴升等皆以为可。沈道源、崔士康等以为：'仍旧使益讲明为便。'申商、李孟畇、权轸、孟思诚等以为：'访问自愿者，然后请之。'一。遣子弟辽东都司学习，许稠以为：'若遣辽东，则经书学习之余，兼习吏文，若汉语则不学而自能矣。如此则虽未作训师，犹可为老吏，虽未作老吏，犹可为能言通事。'一。请明儒，俾为师范。一。请儒史兼通者，俾为师范。郑招、郑钦之、李明德、安纯等皆以为可。"
>
> 上曰："事重难行，姑停之。"5)

两年后(1433)，世宗对派遣子弟入学一事作了重新考虑，认为留学之事已迫在眉睫，因此于十五年(1433)八月二十一日下令承文院拟写奏文："辛亥年议遣子弟入学，中寝不行，然更思之，渊等之言，诚今日之急务也，不可不入送讲习，令

---

4)《朝鲜王朝实录》世宗61卷, 15年(1433 癸丑 / 明宣德8年) 闰8月29日(己卯) 第1条纪事。
5)《朝鲜王朝实录》世宗51卷, 13年(1431 辛亥 / 明宣德6年) 3月19日(癸未) 第3条纪事。

承文院修奏闻草以来。"6) 闰八月二十八日，奏文写成，世宗希望借千秋使行的机会上奏明朝，与群臣商议后确定了上奏时间。关于奏文内容，有大臣认为不应提起高丽时明太祖朱元璋准许留学一事，因为毕竟没有成行。另外，应请遣入学国子监，而不宜同时请求入学辽东乡学。7) 第二天，闰八月二十九日，世宗又与大臣商议奏文中的请求内容，对于请求派遣学生前往北京国子监入学还是辽东乡学入学一事，世宗认为北京路途不远，且朝廷以外国子弟入学为美事，应同时请求入北京国子监学习，或如辽东乡学学习。与朝臣商议后，世宗即命金听修改奏本。8) 九月三日，千秋使工曹参判朴安臣前往北京，遣子弟入学奏文如下：

> 小邦僻在海东，人才鲜少，文学一节，传讹承谬，未能精通，深为未便。谨按史册，新罗、高丽，自东汉以来至于唐、宋，请遣子弟入学（隶）〔肄〕业。又于洪武五年间，高丽亦尝奏请，钦奉太祖高皇帝圣旨："高丽国王，欲令子弟来国学读书，我曾闻唐太宗时，高丽国亦尝教子弟来入学，这是盛事。又想子弟远来习学，或住半年，或住一年，或住年半，要回去，交他回去。虽然听从其便，但为本国远处海东，比至京师，水路经涉，海洋陆路不下一万余里，隔离乡土，为父母必怀其子，为人子必思其亲，此人之常情。恁中书省回文书去，交高丽国王，与他臣下，每好生熟议。若是那为父母的，愿令子弟入学，为子的听受父母之命来学者，交高丽国王差人好生送将来。"钦此。乃因本国，比至南京，经涉海洋，来往艰辛，未曾发遣。臣今窃详北京国子监，或辽东乡学，道路颇近，愿遣子弟读书，未敢擅便，谨具奏闻。9)

同年九月十七日，千秋史尚未返回，朝鲜朝已做好派遣学生的准备。世宗与大臣再议此事，决定派遣入学子弟人数为十五岁以上、二十五岁以下二十人，从及第生员中优先挑选，并确定赴京费用等具体事宜。10) 但十二月十三日，千秋使朴安臣回国，带回明朝勅书。其中关于请遣子弟入学之事，明宣德皇帝颁诏如下：

---

6) 《朝鲜王朝实录》世宗61卷，15年(1433 癸丑 / 明宣德 8年) 闰8月21日(辛未) 第3条纪事。
7) 《朝鲜王朝实录》世宗61卷，15年(1433 癸丑 / 明宣德 8年) 闰8月28日(戊寅) 第3条纪事。
8) 《朝鲜王朝实录》世宗61卷，15年(1433 癸丑 / 明宣德 8年) 闰8月29日(己卯) 第1条纪事。
9) 《朝鲜王朝实录》世宗61卷，15年(1433 癸丑 / 明宣德 8年) 9月 3日(壬午) 第1条纪事。
10) 《朝鲜王朝实录》世宗61卷，15年(1433 癸丑 / 明宣德 8年) 9月 17日(丙申) 第1条纪事。

"览奏，欲遣子弟，诣北京国学或辽东乡学读书。且见务善求道之心，朕甚嘉之。但念山川修远，气候不同，子弟之来，或不能久安客外，或父子思忆之情，两不能已，不若就本国中务学之便也。今赐王五经四书大全一部、《性理大全》一部、《通鉴纲目》二部，以为教子弟之用，王其体朕至怀。"[11]

世宗接到明朝皇帝诏书，召集议政府六曹商议，说："今来勅书，不允子弟入学之请，自今入学中国之望则已绝，然汉音有关事大，不可不虑。予欲遣此子弟于义州，使之往来辽东，传习汉语，何如？"[12] 大臣回答说："辽东乃中国一方，语音不正，臣等以为前所选子弟，使之仍仕司译院，常习汉音诸书，每于本国使臣赴京时，并差入送。如此循环不已，则汉音自然通晓。"[13]

世宗二十一年(1439)，就吏文生徒托疾懒学一事，商议如何惩罚。世宗重提派遣留学生之事，命大臣商议后上奏："外国欲习华语，是诚美事。上自汉、唐至于宋、元，皆遣子弟，请入国学。曩者亦请遣子弟入学，未得蒙允。欲遣生徒习中国音训，予之素志，但恐中国以外国之人不许耳，更议可否以启。"[14] 但此后并未向明朝提出请求。

朝鲜朝第二次请遣留学生是在世祖六年(1460)。明朝钦差正使礼科给事中张宁持皇帝敕谕到访朝鲜，张宁在席间对世祖说："……朝廷自祖宗以来，待贵国甚厚。贵国使臣到朝廷，例于第一班位次，诸国所未有，此其一也，皇帝宴群臣，殿上侍坐，此其二也，贵国遣子弟入学，高皇帝许于国子入学，此其三也。其余待之之厚，难以枚举。……"世祖借此机会，又一次提出派遣学生前往明朝学习一事："今大人所云'遣子弟入学'，尤感。我国虽僻陋，所重者文章、礼乐，且上国使臣来往，舌人尤少，宾主两情未能尽达，常欲奏请入学，恐烦朝廷，未能如心久矣。大人既在礼科，后日若进奏本，大人图之。"宁答云："殿下奏不奏，我不敢主张，朝廷准不准，亦不敢料度。然殿下奏达甚善。"[15]

---

11) 《朝鲜王朝实录》世宗62卷，15年(1433 癸丑 / 明宣德 8年) 12月 13日(壬戌) 第1条纪事。
12) 《朝鲜王朝实录》世宗62卷，15年(1433 癸丑 / 明宣德 8年) 12月 13日(壬戌) 第1条纪事。
13) 《朝鲜王朝实录》世宗62卷，15年(1433 癸丑 / 明宣德 8年) 12月 13日(壬戌) 第1条纪事。
14) 《朝鲜王朝实录》世宗87卷，21年(1439 己未 / 明正统 4年) 12月 4日(戊寅) 第1条纪事。
15) 《朝鲜王朝实录》世祖 19卷，6年(1460 庚辰 / 明天顺 4年) 3月2日(己卯) 第1条纪事。

世祖六年(1460)五月十一日，世祖派遣仁顺府尹金礼蒙、同知中枢院事洪益诚等奉表前往大明，谢赐彩段，并回奏李兴德赍来勑旨，又奏请遣子弟入学。奏表如下：

　　······

　　又奏曰：臣窃照小邦僻在海外，文学未精，兼又吏文、汉音不得通晓，非但人才未易成就，有碍事大之意。臣谨按自汉、唐至宋、元朝代，新罗、高丽皆遣子弟入学肄业。其后汉人韩昉、李原弼、洪楫、偰长寿等相继出来，训诲子弟，上项等人俱已沦没，如今传习无由。汉、吏之文理会者鲜少，每遇事大文书，未谙体例，且又朝廷使臣到国，应对语言恐致差误，深为未便。伏望圣慈照依历代旧例，许令本国子弟入学肄业，兼习汉、吏之文相应。未敢擅便，为此谨具奏闻。[16]

同年(1460)八月二十六日，谢恩使金礼蒙回国，带回明朝皇帝敕书。天顺帝在敕书中引用朝鲜朝奏文："国在海外，文学未精，兼又吏文、汉音不得通晓，欲照历代旧例，遣子弟入学"[17] 并据此回复说，"我朝祖宗以来，不行此制"[18]，告知朝鲜"虽未能尽通汉音，而通事传译，未尝不谕，又何必子弟来学，然后为无误哉？朕遵祖宗之制，不欲冒袭虚美，王亦当守旧规，卒励国中子弟，笃志经籍，则自有余师，人才不患其难成，而事大不患其有碍也。用兹谕王，其体朕此意毋忽。"[19] 这次派遣留学生的尝试又以明朝"不允"而告失败。

第三次请遣留学生是在世祖十四年(1468)。世祖借遣中枢府知事李石亨前往明朝讣告请谥之机，以朝鲜"在海外，书籍鲜少，文学未精"[20]之由再次请遣子弟入学。明朝回复不允："王国诗书礼义之教，传习有素，表、笺章、奏与夫行移吏文，悉遵礼式。虽未能尽通汉音，而通事传译，未尝不谕，何必子弟来学？"[21]

尽管朝鲜朝向明朝派遣留学生的正式请求只有三次，分别发生在世宗和世祖两

---

16) 《朝鲜王朝实录》世祖 20卷，6年(1460 庚辰 / 明天顺 4年) 5月11日(丙戌) 第1条纪事。
17) 《朝鲜王朝实录》世祖 21卷，6年(1460 庚辰 / 明天顺 4年) 8月26日(己巳) 第1条纪事。
18) 《朝鲜王朝实录》世祖 21卷，6年(1460 庚辰 / 明天顺 4年) 8月26日(己巳) 第1条纪事。
19) 《朝鲜王朝实录》世祖 21卷，6年(1460 庚辰 / 明天顺 4年) 8月26日(己巳) 第1条纪事。
20) 《朝鲜王朝实录》世祖 47卷，14年(1468 戊子 / 明成化 4年) 9月 16日(壬申) 第1条纪事。
21) 《朝鲜王朝实录》世祖 47卷，14年(1468 戊子 / 明成化 4年) 9月 16日(壬申) 第1条纪事。

朝，但中宗朝君臣为派遣留学生之事，分别在中宗三年(1508)、十年(1515)、十二年(1517)、十四年(1519)、十七年(1522)、二十五年(1530)、三十二年(1537)、三十五年(1540)、三十六年(1541)、和三十七年(1542)有过多达十六次的商议。

中宗三年(1508)，因汉语、吏文人才匮乏，有大臣提起派遣学生入明朝学习之事。《中宗实录》记载：

　　壬申/御朝讲。……知事申用溉曰："质正官之遣虽久，然无所为之事。臣意除质正官，而奏请遣子弟入学，择年少文官，俾留二三年，与文士相从，则其所学必多，而汉语、吏文，自可习熟矣。"[22]

中宗十二年(1517)，侍讲官洪彦弼又将留学一事提起："……古者遣子弟入学于中原者，必有深意，及至大明皇帝乃禁之。然古亦尝遣入学，今亦以年少可学者遣之，入学则可矣。[23]

中宗十四年(1519)，参赞官韩忠又提出："我国偏邦也，而凡章服制度，皆中国之礼，则是必往者，有识之士，入学而见之，还本朝仿而为之者也。前朝遣子弟入学，甚是好规。今若遣子弟入学，及请书册、音律，仍求其礼仪乃可。"[24]　中宗表示同意："书册奏请及遣子弟入学等事，果可为也。"[25]　但参赞官金湜却认为："今则中朝昏乱，虽许入学，无所可学。"[26]

虽然中宗朝为派遣子弟入学进行过多次商议，但终因顾虑重重，未能提出请求。

(二)．请遣入学辽东乡学

朝鲜朝始终认为，奏请明朝准许其派遣学生前往辽东学习，应该比前往北京更为方便容易，因此从世宗朝开始，一直为此进行努力。世宗十三年(1431)，世宗朝第一次商议派遣学生，首先考虑的便是辽东，礼曹在奏文中说："遣子弟辽东都司学习，许稠以为：'若遣辽东，则经书学习之余，兼习吏文，若汉语则不学而自能

---

22) 《朝鲜王朝实录》中宗7卷，3年(1508 戊辰 / 明正德3年) 10月8日(壬申) 第1条纪事。
23) 《朝鲜王朝实录》中宗27卷，12年(1517 丁丑 / 明正德12年) 2月20日(丙寅) 第5条纪事。
24) 《朝鲜王朝实录》中宗36卷，14年(1519 己卯 / 明正德14年) 7月14日(乙巳) 第2条纪事。
25) 同上。
26) 同上。

矣。如此则虽未作明师，犹可为老吏，虽未作老吏，犹可为能言通事。'"27)

世宗十五年(1433)重提派遣学生之事，首先考虑的也是将学生送到辽东学习三至四年。《世宗实录》原文如下：

> 崇善复命，仍启曰："馆伴郑渊、赵从生与臣言曰：'今通事艾俭、李含等，学浅不能传言，又不知使臣言之本末。倘他日朝官使臣出来，如有诘问之事，无以传两国之言，甚可虑也。择年少可学之辈，送辽东经三四年肄业而来，便益。" 上曰："辛亥年议遣子弟入学，中寝不行，然更思之，渊等之言，诚今日之急务也，不可不入送讲习，令承文院修奏闻草以来。"28)

但即使将学生派往辽东乡学，也需要得到明朝许可。中宗三十七年(1542)，承文院都提调尹殷辅等以遣子弟入学辽东事上奏说：

> "吏文、汉语，事大所关。稍解者，崔世珍一人，今亦已死，更无他人。平时有奏启咨呈之事，无有能解吏文格例之人，多致差谬，所系非轻，况今中原事故难知，傥有不意之变，而于我国，或移书、或通使，有诘令之事，则彼间文字及言语，我国不能解识，我国所答文字言语，亦多违谬，不能合于机宜，以致见忤取怒，则或起患祸，岂不为深忧乎？前者龚天使出来时，语远接使郑士龙曰：'皇帝待汝国特厚，何不请遣子弟入学乎？今南方诸藩，多许入学于边邑乡学，况汝国，皇帝眷遇，冠于诸藩，虽请子弟入学国子监，犹必允之，况辽东乡学乎？'今中原虽渐多事，及今皇帝眷待之时，奏请遣子弟入学辽东乡学，学习吏文、汉语，则为我国永世利益，故敢启。请于冬至使行次，奏本磨炼入送何如？"答曰："此事大臣等启之熟矣，入学中原固是美事，但各以不便于己者，好生他议，其事终归于不成之地，甚为不可。窃闻琉球国，其官制、言语，一与中原无异。琉球以外夷，尚且遣子弟入学，况我国则中原待以礼义乎？今者以此奏之，必许其请。上下唯当坚定此议，不复挠改也。"传曰："请遣子弟入学，此是好事，故兹以允之，然更思之，此事好则好矣，辽东人心，必不如古，虽赴京往来之人，若不贿物，菜蔬尚难得食，被侵多端，将为难支。士大夫子弟，入辽东学校累年，则求索百般，非徒自不能支也，相继往来，由此而相连，义州之民，兴贩交通之弊，必甚不赀。一请奏闻，幸或许之，虽欲还止，势必至难。更议可也。"29)

---

27) 《朝鲜王朝实录》世宗 51卷，13年(1431 辛亥 / 明宣德 6年) 3月 19日(癸未) 第3条纪事。
28) 《朝鲜王朝实录》世宗 61卷，15年(1433 癸丑 / 明宣德 8年) 闰8月21日(辛未) 第3条纪事。

明朝屡次不许请遣留学一事，给朝鲜朝带来很大影响，日后提出其他请求也有所顾虑，需要再三考虑。成宗二十一年(1490)，为请遣质正官一事，君臣商议后决定暂且搁置。

领事尹弼商启曰："臣观请遣辽东质正官奏闻草，窃恐未便。我国自祖宗以来，至诚事大，皇帝屡降诏敕慰谕之。今若以此奏闻，则恐中朝生疑不许也。祖宗朝屡请遣子弟入学，而中朝每不许，降敕云：'王国动遵礼典，虽语音不同，何害？'今若奏闻，则中朝以为何如？"上曰："虽奏闻，朝廷岂曰不可？然姑停之。"[30]

(三). 遣使随团质正学习

在派遣学生留学无望的情况下，世宗朝选定的留学生被留在司译院学习汉语，并在赴京使行时作为外交使团成员前往中国。《世宗实录》记载如下："臣等以为前所选子弟，使之仍仕司译院，常习汉语诸书，每于本国使臣赴京时，并差入送。如此循环不已，则汉音自然通晓。"[31]

《通文馆志》对朝鲜朝事大使行有如下描述："国初，岁遣朝京之使，有冬至、正朝、圣节、千秋四行。谢恩、奏请、进贺、陈慰、进香等使则随事差送，使或二员一员而不限品，从事官或多或少而无定额(皇朝随报单赐宴领赏)。"[32] 每次赴京，有正使、副使，通常由大臣、正一品、正二品和正三品官员担任；书状官和写字官一般由承文院官员担任[33]；医员由两医司派遣；画员由图画院派遣；使行主要人员由司译院派遣，为院官、译学教师和学生。[34]

此外，派遣承文院年少文臣为质正官学习汉语[35]，成为当时承文院汉语教学实习的重要环节，也是留学政策的变通方式。

质正分以下几种形式：一为朝天使团所设质正官，前往北京质正汉音。时间根

---

29) 《朝鲜王朝实录》中宗98卷，37年(1542 壬寅 / 明嘉靖21年) 7月14日(壬戌) 第3条纪事。
30) 《朝鲜王朝实录》成宗237卷，21年(1490 庚戌 / 明弘治3年) 2月14日(丙申) 第2条纪事。
31) 《朝鲜王朝实录》世宗62卷，15年(1433 癸丑 / 明宣德8年) 12月13日(壬戌) 第1条纪事。
32) 《通文馆志》卷三，事大(上)，第1页。
33) 《通文馆志》卷三，事大(上)，第2页。
34) 《通文馆志》卷三，事大(上)，第2页。
35) 《成宗实录》卷二百三十四，15a。

据使团出行日期而定，相对固定；二为辽东质正官。因辽东距朝鲜最近，因此遇有汉语方面的问题，无须考虑正式与否，随时可以前往质正，这种质正使行在时间上比较灵活；三为向天朝来使或朝鲜国内的汉学家请教。中国使臣倪谦就曾就《洪武正韵》答疑解惑。

朝鲜朝质正官职称来自高丽朝忠烈王时期的名臣金坵的提议。中宗三十九年(1544)，尹殷辅有如下议论："国家每于科举之后，文臣年少聪敏者，选属承文院，令习汉语、吏文，其有将来者，称为质正官，每行赴京，即古金坵献议之意也。"36) 姜信沆认为朝鲜朝质正官制度的产生于世宗十六年37)(1434)。当时世宗曾派遣李边与金何二人前往辽东，就《直解小学》中的未解之疑进行请教。38) 朝鲜朝文献中对申叔舟、成三问赴辽东质正之事(1449)多有提及，有人认为质正制度始于此时。成宗二十年(1489)五月二十七日，工曹正郎权柱拜见成宗时说："臣以汉语质正官，当赴辽东。臣闻辽东质正，自申叔舟始。"39) 但本人认为，质正之事古而有之，"我国古置质正官，每岁以辨质华语为任，故东人之于华语，较之他外国最称娴习。百年之间，兹是废而译学遂坏焉。"40) 又据成宗十八年(1487)记载"遣文臣质正，祖宗朝古事，今可行也。"41) 说明至少从朝鲜朝建立，已有质正制度。

质正官每行赴京制度应始于世祖朝(1455-1468)。据《成宗实录》记载：

承文院判校郑孝恒等五人轮对，孝恒启曰："吏文、汉训，非一朝一夕成就，而通事通经书者盖寡，世祖虑此，拣选文臣，名曰：'汉训学官，'随赴京文臣质正之。42)

质正官制度设置之后，质正成果颇丰。史籍所载有世宗十六年(1434)李边和金何对《直解小学》的质正43)、世宗三十一年(1449年)成三问、申叔舟、孙寿山等

36) 《朝鲜王朝实录》中宗102卷，39年(1544 甲辰 / 明嘉靖23年) 4月2日(庚午) 第3条纪事。
37) 姜信沆 《李朝时代的译学政策和译学者》，塔出版社，1978年，第47页。
38) 《朝鲜王朝实录》世宗63卷，16年(1434 甲寅 / 明宣德9年) 2月6日(甲寅) 第7条纪事。
39) 《朝鲜王朝实录》成宗228卷，20年(1489 己酉 / 明弘治2年) 5月27日(甲申) 第2条纪事。
40) 《老乞大新释序》，汪维辉编，《朝鲜时代汉语教科书丛刊(一)》，中华书局，2005，第105页。
41) 《朝鲜王朝实录》成宗200卷，18年(1487 丁未 / 明成化23年) 2月2日(壬申) 第1条纪事。
42) 《朝鲜王朝实录》成宗38卷，5年(1474 甲午 / 明成化10年) 1月19日(乙巳) 第4条纪事。

人对《洪武正韵》的质正[44]、成宗九年(1478)对《至正条格》的质正[45]、成宗十一年(1480)对《老乞大》、《朴通事》的质正[46]和成宗十四年(1483)对《老乞大》、《朴通事》的修改[47]等。赵宪的《朝天日记》卷末所附《质正录》，记录了方言词汇和专有名词。如"越越，方言添加之意也。"[48]

跟随使团前往中国学习，无论是作为文官的承文院质正官，还是作为通事的司译员学生，均获得了短期留学实习的机会，并取得了一定成效。这对朝鲜朝留学政策是一个重要的补充。

四. 结论

根据上文所述，朝鲜朝派遣学生赴华留学政策始终受到明朝的压制，最终流产。但从朝鲜朝译官培养政策产生的过程看出，朝鲜朝留学政策的初衷与事大外交政策紧密相关，朝鲜朝汉语人才的匮乏也是统治者制定留学政策的内驱力。在留学政策的产生过程中，与明朝的政治关系，是朝鲜朝统治者优先考虑的因素。留学政策的产生是朝鲜朝汉语人才培养的必然之举，长期留学政策的失败也并不是朝鲜朝留学政策制定者的错误，而是明朝统治者"不允"而带来的结果。但朝鲜朝统治者所采取的变通政策，取得了短期留学的效果，为朝鲜朝汉语人才培养寻得一条出路。从历史的角度看待朝鲜朝留学政策的产生过程，为我们了解韩国朝鲜朝汉语学习的全貌提供了一个全新的视角。

---

43) 《朝鲜王朝实录》世宗 63卷，16年(1434 甲寅 / 明宣德 9年) 2月 6日(甲寅) 第7条纪事。
44) 《朝鲜王朝实录》世宗 126卷,31年(1449 己巳 / 明正统14年) 12月28日(甲戌) 第1条纪事。
45) 《朝鲜王朝实录》成宗 97卷，9年(1478 戊戌 / 明成化 14年) 10月 3日(辛卯) 第5条纪事。
46) 《朝鲜王朝实录》成宗122卷,11年(1480 庚子 / 明成化16年) 10月19日(乙丑) 第3条纪事。
47) 《朝鲜王朝实录》成宗158卷,14年(1483 癸卯 / 明成化19年) 9月20日(庚戌) 第7条纪事。
48) 赵宪《朝天日记》，第511页。

<参考文献>

(朝鲜)金指南等,《通文馆志》, 刻本, 北京大学图书馆藏本.

(韩)国史编纂委员会(2005),《朝鲜王朝实录》.

姜信沆(1978),《李朝时代的译学政策和译学者》, 塔出版社

林东锡(1982),《朝鲜译学考》, 台湾师范大学博士论文.

林基中(2001),《燕行录全集》, 韩国：东国大学校出版部.

汪维辉编(2005),《朝鲜时代汉语教科书丛刊》(一)—(四), 中华书局.

□ 성명：金兰

　주소：中国北京颐和园路5号北京大学对外汉语教育学院100871

　전화：86-10-62751916

　전자우편 : jinlxx@pku.edu.cn

□ 이 논문은 2017년 10월 15일 투고되어

　　　2017년 11월 15일부터 11월 30일까지 심사하고

　　　2017년 12월 10일 편집회의에서 게재 결정되었음.

現存する『老朴集覽』の成立に關する一考察
－『老朴集覽』「單字解」
「累字解」所收語彙と他の漢語教本との比較から－

田村 祐之

(日本、姫路獨協大學)

<Abstract>

『老朴集覽』は漢語教本『老乞大』『朴通事』の注釋書であるが、現存する『老朴集覽』に収められる「單字解」には、『老乞大』『朴通事』兩書に見えない語句が含まれている。『老乞大』『朴通事』と同時期に使用された漢語教本の一つに、明・邱濬の戲曲『伍倫全備記』があるが、「單字解」中の『老乞大』『朴通事』に見えない語句の一部が『伍倫全備記』で使われている。本發表では、これを手掛かりに、『老朴集覽』と『伍倫全備記』の關係、および『老朴集覽』の成立について考察する。

《老朴集覽》은 한어교본 《老乞大》 《朴通事》 의 주석서이다. 그러나 현존하는 《老朴集覽》 에 수록된 《單字解》에는 《老乞大》 《朴通事》 兩書에 없는 어구가 수록되어 있다. 《老乞大》 《朴通事》와 같은 시기에 이용된 한어교본 가운데 하나로 明 邱濬의 희곡 《伍倫全備記》가 있는데 《單字解》중 《老乞大》 《朴通事》 兩書에 없는 어구의 일부가 《伍倫全備記》에 사용되고 있다. 본 발표에서는 이것을 단서로 하여 《老朴集覽》 과 《伍倫全備記》 의 관계 및 《老朴集覽》 의 성립에 대해 고찰하고자 한다.

Key Words : 『老朴集覽』『伍倫全備記』

1.『老朴集覽』と『伍倫全備記』について

『老朴集覽』は、譯官・崔世珍(1473-1542)が編纂した、漢語教本『老乞大』『朴通事』の注釋書である。現存する版本は以下のものがある。

①東國大學校中央圖書館藏書(「乙亥字本」)-1冊
「凡例」「單字解」「累字解」「老乞大集覽」「朴通事集覽」からなる。
②『朴通事諺解』(1677)所收本
本文に「朴通事集覽」を割注で挿入、巻末に「老乞大集覽」および「單字解」
(一部欠落)を付す。

『老朴集覽』「凡例」第2條は、「單字解」「累字解」の語句の收録範圍について定めている。第2條を以下に示す。

《單字》《累字》之解, 只取《老乞大》《朴通事》中所載者爲解。

しかし實際には、「單字解」「累字解」には、『老乞大』『朴通事』兩書に見えない語句が收録されている。具體的に擧げれば、「單字解」では「殁」「俚」「挨」「儅」「弔」「韓」「綑」の7語、「累字解」では「委的」「刻新」「斬新」「倘或」「恨似」「丁囑」「活計」「無賴」「幾會」「一回」「看成」「悔交」「悔親」「礙甚事」「濟甚事」の15語句、併せて22語句が兩書には見えない(以下、兩書に見えないこれらの語句を總稱するときには「老朴不見語句」と表記する)。このことについては山川英彦氏[1]にすでに指摘がある。筆者は、これら「老朴不見語句」が、『老乞大』『朴通事』以外の漢語敎本に使われていたのではないか、と考えており、小論では『老乞大』『朴通事』兩書とともに漢語敎本として使用されていた中國書『伍倫全備記』を調査することで、筆者の推測が妥當であるかどうかを檢證したい。

『伍倫全備記』は明・邱濬(1421~1495)作の戱曲である。この『伍倫全備記』が『老乞大』『朴通事』とともに漢語敎本として使われていたことは、以下の例から明らかである。

例1)『光海君日記』十二年(1620)十一月十五日:
承文院啓曰:"祖宗朝以來, 設文官漢語、吏文隷習之規, 極嚴且重。漢語則通

---

1) 山川英彦「《老朴集覽》覚え書」(『名古屋大學文學部研究論集』LXX(文學 24)、1977)、朴庸鎭《老朴集覽・單字解》研究」(『중국학논총(中國學論叢)』第40巻、2013)を参照。

慣《老乞大》、《朴通事》、<u>《五倫全備》</u>，然後始許訓官，故爲訓官者，僅一二人。(後略)

例(2)『伍倫全備諺解』(1721)序：
　　本業三書，初用《老》《朴》及《直解小學》，中古以《小學》非漢語，易以<u>此書</u>，盖其爲語雅俚并，陳風諭備，至最長於譯學。

　　『伍倫全備記』の現存する版本には、以下のものがある[2]。

① 『新刊重訂附釋標註出相伍倫全備忠孝記』
　　明・世德堂刊。2冊4卷。北京圖書館藏。『古本戲曲叢刊初集』(文學古籍出版社、1954)に影印が收められている。

② 『新編勸化風俗南北雅曲伍倫全備記』
　　赤玉峯道人著。刊行年未詳。以下の三種の版本が現存する。
　　・奎章閣藏書－2冊2卷(前半のみの零本)、奎章閣資料叢書(文學篇)に影印が收められている(2011年刊行)。
　　・啓明大學校(大邱)圖書館藏書－2冊4卷(完本)。
　　・フランス國立東洋言語文化學院藏書－4冊4卷(完本)。(未見)
　　韓國國立中央圖書館にマイクロフィルム版あり。

③ 『新刊摘滙奇妙全家錦囊大全伍倫全備』
　　4卷。スペインSan lorenzo圖書館藏。(未見)

④ 『伍倫全備諺解』
　　1721年刊行。4冊8卷。②から曲辞を除き、注音・諺解を施す。

---

2) 福田和展「《伍倫全備諺解》語彙、語法分析－《老乞大》、《朴通事》との比較を中心に－」(『人文論叢(三重大學)』第18号、2001)、呉秀卿「再談《伍倫全備記》－從創作、改變到傳播接受」(『文學遺産』2017年第3期)によった。

「國語國文學資料叢書」(韓國學文獻研究所編、ソウル亞細亞文化社、198
2)、「原本國語國文學叢林」22(ソウル大提閣、1986)、「奎章閣資料叢書語
學篇」5(ソウル大學校奎章閣、2005)などに影印が收められている。

　小論では、「老朴不見語句」の中に、『伍倫全備』などに使われた語句がある
かどうかを調査する。上に擧げた『伍倫全備記』版本のうち、①(『忠孝』と表記)
を中心に、②の奎章閣藏本(『勸化』と表記)、④(『諺解』と表記)も參照しつ
つ、『老朴集覽』「單字解」「累字解」と『伍倫全備記』の收錄語句について比較檢
討する。

2. 『老朴集覽』「單字解」「累字解」について

　『老朴集覽』「凡例」第2條は、「單字解」「累字解」の語句の收錄範圍について定
めている。

　《單字》《累字》之解，只取《老乞大》《朴通事》中所載者爲解。

　「老朴不見語句」とその釋義を以下に載せる。(語句はゴシックで表記、括弧
内は葉・表裏・行、句讀は田村による)
　また、當該語句の前後に、當該語句と關連のある語句がある場合は、その語
句と釋義も載せる(明朝體、一字下げで表記)。なお、釋義中の訓民正音に付さ
れた、聲調を示すための傍點は省略する。

　「單字解」
　沒(1b6)：無也；沒有 업다
　歿(1b6)：卒也。通作沒。

裡(2a1)：內也；裡頭、內裡。又關內亦曰裡頭，又曰內裡。又處也；這裡、那
　　　　裡。又語助；去裡、有裡。通作里、俚、哩。

俚(2a3)：助語辭，亦作哩。凡言語有用리音爲語助者，皆用裡、里、俚、哩等字。

挨(2b1)：音해，平聲。俗語挨次，謂循次歷審無纔越之意，츤츠니ᄒᆞ다。又
　　　　吏語，挨究、挨捕。

儹(6a4)：積也。儹、積，下通作趲。

趲(6b6)：잔，上聲。逼使走也。又促之也。通作儹。又縮之也，趲短些 조 려
　　　　댜르게 ᄒᆞ다。

吊(6b5)：以繩懸物曰吊着。又自縊而死曰吊死。又物自彫落曰吊了。又行文州
　　　　縣，取其問囚卷宗，曰吊取，曰吊卷。

趓(7b2)：逃也，趓着走 에도라 ᄃᆞᆫ닌다。又避也，趓一趓 길츼라。亦作躱，
　　　　通作嚲。

嚲(7b2)：垂下也。嚲下 드리워 잇다。又借用爲趓避之趓。

綑(7b7)：正作稇。束也，縛也。亦作捆。

「累字解」
委的(1a5)：委，保也，信也。的，語助辭。

剗新(1a6)：새로이。

斬新(1a6)：上同。

倘或(2a4)：힝혀。

底似(2a5)：ᄀ장，又너므。今不用。
哏似(2a5)：上同，今不用。

分付(2a9)：맛디다。又당부ᄒ다。
丁囑(2a9)：당부ᄒ다。
囑咐(2b1)：上同。
活計(2b2)：싱계

無賴(2b4)：힘히미。又부질업시。

幾會(2b5)：여러즈음。
一回(2b5)：ᄒᆫ 슌。
幾回(2b5)：멋 슌。
看成(2b5)：ᄇ슯피다。又기르다。又삼다。

悔交(2b6)：흥졍므르다。亦曰倒裝。

悔親(2b7)：혼인므르다。亦曰退親。

不妨事(2b9)：므던ᄒ다。猶言不妨礙於事。
不礙事(2b9)：上同。
礙甚事(3a1)：므슴 이리 방애ᄒ료。猶言므던ᄒ다。
礙甚麼事(3a1)：上同。

濟甚事(3a2)：므슴 이리 일료。猶言쇽졀업다。
濟甚麼事(3a2)：上同。

3．「單字解」「累字解」と『伍倫全備記』の關係

　上に擧げた語句は、『老乞大』『朴通事』に使われていないにもかかわらず、「單字解」「累字解」に載せられている。これらの語句(以下、「老朴不見語句」と表記)について、『老乞大』『朴通事』以外の、朝鮮初期の漢語教本で使われていた可能性について檢討する。今回、『伍倫全備記』(『忠孝』『勸化』『諺解』)を對象として「老朴不見語句」の有無を調査した結果、『忠孝』『勸化』『諺解』のうち少なくとも二種に現れる「老朴不見語句」が存在した。具体的には、「單字解」の「緔」、「累字解」の「委的」、「看成」の計3語句である3)。以下に、この3語句の『忠孝』『勸化』『諺解』での用例を示す。ただし、今回利用した『勸化』(奎章閣藏書)は後半の二巻(『忠孝』の後半二巻、『諺解』の後半四巻に相當する)を欠くため、後半の用例については『勸化』は「欠」と記す。

　緔：『忠孝』巻二33b3「将那孃緔縛，用両條杠穿擡，去城裡看燈」
　　　『勸化』巻二58a5「将他那孃用繩緔縛着，把一條杠穿擡上，城裏去看燈」
　　　『諺解』巻四35b8「将他那孃用繩緔縛着，把一條杠穿擡上，城裡去看燈」

　委的：『忠孝』巻一22a5「(外)這等委的是你打死了(浄)委的不曾打死他一个」
　　　　『勸化』巻一35a8「(外)這等委實是你打死了(浄)[念]委的打死人不止他一箇」
　　　　『諺解』巻一51a9「(外)這等委實是你打死了(浄)委的打死人不知他一箇」
　　　　『忠孝』巻一23b6「委實是我打不干他事」
　　　　『勸化』巻一38b5「委的不干他事」
　　　　『諺解』巻一57a3「委的不干他事」
　　　　『忠孝』巻一24a3「委實不曾打」
　　　　『勸化』巻一39b3「委的不曾與他致事」
　　　　『諺解』巻二1b11「委的不曾與他致事」

---

3)　「償」も『勸化』『諺解』に現れるが、「單字解」の釋義と異なり「毆る、ぶつ」の意で使われているため、除外した。また「俚」も『勸化』『諺解』に現れるが、「單字解」の釋義にいう「助語辭」としての用法ではないため、ここには除外した。

看成：『忠孝』巻一7a1「我佐一般<u>看成</u>他」

　　　『勸化』巻一11b6「我做一般<u>看成</u>他」

　　　『諺解』巻一13b8「我做一般<u>看成</u>他」

　また、「老朴不見語句」中の「哏似」は『忠孝』『勸化』『諺解』いずれにも現れないが、同音の「狠似」は『忠孝』『諺解』に現れる。以下に用例を示す。

狠似：『忠孝』巻四4a4「你那两个心<u>狠伹</u>剛子手」

　　　『勸化』（欠）

　　　『諺解』巻七7a6「你那心<u>狠似</u>剛子手」

４．乙亥字本『老朴集覽』の成立について

　「老朴不見語句」の一部が『伍倫全備記』に見えることは、「單字解」「累字解」が『老乞大』『朴通事』のみならず、當時の朝鮮で使われていた漢語教本の難解語句と釋義を収めたものと考えることで、説明できるようにみえる。しかし、『老朴集覽』「凡例」第2條の「《單字》《累字》之解，只取《老乞大》《朴通事》中所載者爲解。」と矛盾する。この矛盾について、乙亥字本が崔世珍による原刊本ではない、と仮定することで、解決できないか。

　筆者は、以前から、乙亥字本が崔世珍による原刊本ではないのではないかと考えてきた。その根拠は、「朴通事集覽」巻中の「賣主」項およびその釋義である。「賣主」項の釋義を以下に示す。

賣主：一面音義云猶言賣主自身又一面詳見字解

（「朴通事集覽」巻中2a5；『朴通事諺解』巻中10a9）

　これに句讀を施せば、「賣主：一面。《音義》云："猶言賣主自身。"又一面，詳見《字解》4)」となり、「賣主」＝「一面」となる。また、引用する『音

義』の釋義に「猶言賣主自身」とあり、「賣主」＝「賣主自身」ともなって、このま
までは釋義として成り立たない。『朴通事』本文を確認すると、「賣主一面承當
不詞」とあり、「朴通事集覽」のこの項は「賣主一面」とすべきである。原刊本で
あれば、見出し語を「賣主」のみとする間違いは起こりにくいだろう。

　また、『老朴集覽』は現存する刊本と別のものがあったようである。竹越孝
氏によれば、『朴通事諺解』李聃命序の前半に、「龍蛇之變，書籍盡灰，而崔氏
之釋，從而失其傳，學譯者多病之。近有宣川譯學周仲者，於閭閻舊藏偶得一卷
書曰《老朴輯覽》。其下又有《單字解》，亦世珍所撰也。」という一節があ
り、長らく失われていた『老朴集覽』およびそれに付された「單字解」が發見さ
れたことがわかる。この『老朴集覽』をもとに、『朴通事諺解』は編纂され
た。そして李聃命序の後半で「使舌官邊暹、朴世華等十二人就《輯覽》考較證
訂，作《朴通事諺解》。辛勤致志，過一年始成。而以《輯覽》及《單字解》附
其後。」というとおり、『朴通事諺解』の巻末に「老乞大集覽」と「單字解」が付さ
れたが、「單字解」は乙亥字本所収のものと比べると一部が欠落しており、ま
た「累字解」は付されていない。竹越氏は、乙亥字本所収の「單字解」「累字解」
が9行本であるのに対し、「老乞大集覽」「朴通事集覽」が10行本であることに着
目し、乙亥字本所収の「單字解」を10行本に對應させて行を配置しなおす
と、『朴通事集覽』所収の「單字解」の欠落部分が10行本のほぼ半葉分に相當する
とし、また文字の異同などについて比較を行った結果、『朴通事諺解』編纂時に
依拠した(すなわち周仲が發見した)「單字解」は10行本であった、とする。この
ことは、周仲が發見した『老朴集覽』が、現存するものとは異なる形であった
ことをうかがわせる5)。言い換えれば、朝鮮初期(崔世珍が『老朴集覽』を編纂
した後)から中期(『朴通事集覽』編纂)までの間に、複数種類の『老朴集覽』が存在
していたということである。

　「單字解」が崔世珍の編纂したものであることは、李聃命序に「其下又有《單
字解》，亦世珍所撰也。」とあるとおり確実と思われるが、乙亥字本所収の「單

---

4)　「累字解」に「一面：호은자。又ᄒᆞ녀고로。又ᄒᆞᆯ변。」とある。

5)　竹越孝「二つの『單字解』(上)」(『KOTONOHA』第64号、2008.3)、「二つの『單字解』(下)」
　　(『KOTONOHA』第65号、2008.4)を参照。

字解」が崔世珍の編纂した原形そのままであるとは言い切れない。上述の通り、乙亥字本の「朴通事集覽」が崔世珍の原刊本ではないとすれば、「單字解」も原刊本ではない可能性がある。ここからは憶測になるが、崔世珍は『老乞大』『朴通事』二書の注釋書として『老朴集覽』を編纂した。このことは「凡例」第2條が物語る。ただその『老朴集覽』原稿が乙亥字により印刷刊行されるまでの間に、『伍倫全備記』など當時使用されていた漢語教本の難解語句の釋義が、「單字解」「累字解」中の、意味用法の近い語句の前後に挿入されたのではないか6)。獨立した「集覽」として編纂されなかったのは、語句の數が少なかったためと考えられる。乙亥字は壬辰倭乱(1592~93, 1597~98)の頃まで使われていたようであり7)、崔世珍没後に乙亥字本『老朴集覽』が刊行された可能性もある。このように考えれば、「凡例」第2條と、「單字解」「累字解」の間の矛盾を解くことができるのではないかと考える。

5．まとめ

「單字解」「累字解」中の「老朴不見語句」22語句のうち、『伍倫全備記』にあらわれたのが3語句というのは、「單字解」「累字解」が『老乞大』『朴通事』以外の漢語教本の語句も收録對象とした、と言い切るには少ない。ただ、『伍倫全備記』以外の、朝鮮初期に漢語教本として使われていた中國書についても調査を進めれば、さらに該當する語句が見つかる可能性がある。それによって、『老朴集覽』成立の過程が、より明確になると考える。

---

6) 例えば「單字解」では「裡」のあとに「俚」が、「趲」の前に「儹」が置かれ、「累字解」では「分付」「丁囑」「囑咐」が置かれる、など。(「俚」「儹」「丁囑」は「老朴不見語句」)
7) これについては藤本幸夫氏(富山大学名譽教授)にご教示いただいた。また、群書堂書店編『朝鮮古活字版拾葉』(群書堂書店、1944)に、明宗~宣祖時代に刊行されたとされる乙亥字の刊本が数種收録されている。

<参考文献>

山川英彦(1977),「《老朴集覽》覚え書」,『名古屋大學文學部研究論集』LXX(文學 24),
　　　　pp.61-72.

吳秀卿(1997),「奎章閣藏本《伍倫全備記》初探」,『中華戲曲』1997年 第1期, pp.300-318.

福田和展(2001),「《伍倫全備諺解》語彙、語法分析－《老乞大》、《朴通事》との比
　　　　較を中心に－」,『人文論叢(三重大學)』第18号 pp.97-114.

柳在元(2003),「『伍倫全備(諺解)』의 교재적 가치 및 특성에 대한 연구」,『Foreign
　　　　languages education(외국어교육)』2003年 第1号, pp.197-213.

竹越孝(2008.3),「二つの『單字解』(上)」,『KOTONOHA』第64号, pp.3-9.

竹越孝(2008.4),「二つの『單字解』(下)」,『KOTONOHA』第65号, pp.5-10.

朴庸鎭(2013),「《老朴集覽・單字解》研究」,『중국학논총(中國學論叢)』第40卷, pp.67-90.

吳秀卿(2017),「再談《伍倫全備記》――從創作、改變到傳播接受」,『文學遺産』2017
　　　　年 第3期, pp142-154.

□ 성명 : TAMURA Hiroyuki(田村 祐之)
　주소 : 日本國兵庫縣姬路市上大野7-2-1 姬路獨協大學人間社会學群
　전화 : +81-079-223-0941
　전자우편 : htamura@himeji-du.ac.jp

□ 이 논문은 2017년 10월 12일 투고되어
　　　　2017년 11월 15일부터 11월 30일까지 심사하고
　　　　2017년 12월 10일 편집회의에서 게재 결정되었음.

滿文本 『欽定滿州祭神祭天典禮』의 내용과 언어적 특징*

오민석 · 성우철

(韓國, 高麗大)

<Abstract>

The Contents and Language of the Manchu version of *hesei toktobuha manjusai wecere metere kooli bithe*(欽定滿洲祭神祭天典禮)

The Manchu version of *hesei toktobuha manjusai wecere metere kooli bithe*(欽定滿洲祭神祭天典禮) is the first official document of the Qing Dynasty about Manchurian's rites. This study takes an overview of its contents, examines the characteristics of Manchu language used in the text, and then points out the implications obtainable from this material. First of all, the document has significance in that it shows details about ritual ceremonies of Manchu Shaman which can not be known in the Chinese version. Next, linguistically, it is found that the text presents various aspects of Manchu language not indicated in other Manchu materials. It also provides sources that contribute to correcting errors of Manchu dictionaries. In addition, it is beneficial in deeper understanding of the Korean words used to translate Manchu words.

Key Words : *hesei toktobuha manjusai wecere metere kooli bithe*(欽定滿州祭神祭天典禮), Manchurian, Qing Dynasty, ritual ceremony, shaman, shamanism, shaman chanting, Manchu language.

---

* 이 논문은 2017년 6월 28일 고려대학교 민족문화연구원 회의실(B203)에서 열린 제7회 만주학센터 국제학술대회(the 7th International Conference of Center for Manchu Studies) 에서 발표되었던 원고를 수정·보완한 것이다. 당시 발표를 듣고 조언해 주신 여러 선생님들 께 심심한 감사를 표한다.

1. 머리말

본고는 만문본 『欽定滿州祭神祭天典禮』(이하 『만전』)의 전반적인 체제 및 내용적인 특징을 살펴보고, 만문본 『만전』 내의 언어적인 특징을 파악해 봄으로써 당시의 만주어에 대한 인식이 어떠했는지를 고찰해 보는 데 목적이 있다.

원어로 'hesei toktobuha manjusai wecere metere kooli bithe'[1]라고 불리는 소위 만문본 『만전』은 청나라에서 간행된 제사 문헌 가운데 최초의 공식적 문헌이다. 샤먼에 대한 연구와 함께 『만전』을 살펴본 논의가 다수 존재하지만, 만문본이 아니라 이후에 간행된 한문본 『만전』만을 그 대상으로 삼아 왔다. 한문본이 만문본을 이해하는 데 중요한 참고가 되는 것은 사실이지만 중국어와 만주어 간의 언어적 차이로 인하여 발생한 내용상의 차이도 더러 발견된다. 그러므로 만문본 『만전』의 언어적인 특징을 살펴보는 것은 청나라 제사 의례에 관한 초기 문헌을 온전히 이해하는 데에 많은 도움을 준다.

최근에 만문본 『만전』을 다룬 논의가 일부 있었으나 이를 전반적이고 집중적으로 살펴본 논의는 찾기 어렵다. 대개의 경우 만문본 『만전』에 소개된 무가를 중심으로 한문본과의 내용적인 비교에 초점을 맞추고 있어 만문본 『만전』만을 독자적으로 다룬 논의는 없었다. 이러한 점에서 본고는 만문본 『만전』을 집중적으로 살펴본다는 데 의의가 있다. 더불어 이 자료에서 찾아볼 수 있는 만주어의 특징을 조명하는 일은 만주어의 연구를 풍성하게 해 주는 의미 있는 작업이 되리라 기대한다.

2. 만문본 『欽定滿洲祭神祭天典禮』의 서지와 내용

2.1. 만문본 『만전』의 서지 사항

만문본 『만전』 전체의 서(序)에 해당하는 건륭제(乾隆帝)의 '상유(上論, dergi hese)'를 참고하면, 만문본 『만전』은 건륭(乾隆) 12년(abkai wehiyehe i juwan

---

1) 축자역하면 '황지로 정하게 한 만주인들의 신위에 제사하고 하늘에 제사하는 則例이다.

juweci aniya, 1747)에 간행된 것으로 보인다. 만문본『만전』의 중간(重刊)이 이루어지지 않은 것은 만문본이 간행된 지 30년 만인 건륭 42년(1777)에 한문본 『滿典』이 간행되었기 때문이다. 만문만으로 간행되었던『만전』을 한역(漢譯)하여 다시 간행한 것은 중국 문화의 집대성인 사고전서(四庫全書)에 한문본『滿典』을 편입시키기 위해서였다(姜小莉, 2016).

(1) 만문본『만전』의 간행 시기
abkai wehiyehe i juwan juweci aniya nadan biyai ice uyun de. dorgi yamun ci sarkiyame tucibuhe. (권1:01a)
건륭(乾隆) 12년 7월 초구일(初九日)에 내각(內閣)에서 초출(抄出)하였다.

만문본『만전』은 건륭제의 칙명(勅命, hese)에 따라 법전의 형식으로 편찬되었는데,[2] 이처럼 제사에 관한 공식적 문서를 만주어로 제정한 데에는 다분히 정치적인 의도가 담겨 있었던 것으로 보인다. 즉, 다수의 만주족이 한족화(漢族化)되고 있던 상황에서 만주족의 문화적 정체성을 다시 강화하고자 한 것이다(郭淑雲, 1992). 윤록(允祿)을 비롯한 여러 호쇼이(hošoi) 친왕(親王)이 만문본『만전』을 간행하는 데에 동원되었다는 점은 그것이 청나라 황실의 중요한 과업 가운데 하나였음을 짐작하게 한다.[3]

만문본『만전』은 자금성(紫禁城) 무영전(武英殿)에서 간행된 판각본으로 모두 6권 6책으로 구성되어 있다. 세계 각국에서 간행된 만주어 문헌 목록을 살펴보면 영국, 프랑스, 미국, 중국 등에 만문본『만전』이 소장되어 있음이 확인되는데, 특히 중국의 경우 중국국가도서관을 비롯하여 중국수도도서관, 중국과학원도서관, 중국사회과학원 역사연구소도서관, 중국제일역사당안관, 북경고궁박물원, 중앙민족대학도서관, 요녕성도서관, 대련시도서관 등 만문본『만전』을 가장 많이 보유하고 있는 것으로 알려져 있다.[4]

---

2) 만문본『만전』의 서명인 'hesei toktobuha manjusai wecere metere kooli bithe'도 이것이 황명에 의해 편찬된 서적임을 반영하고 있다.
3) 만문본『만전』권1의 'gebu jergi'에는 만문본『만전』의 간행에 참여한 호쇼이 장친왕(莊親王, tob cin wang) 윤록, 호쇼이 이친왕(履親王, dorolon cin wang) 윤도(允祹), 호쇼이 화친왕(和親王, hūwaliyaka cin wang) 홍서(弘晝)의 이름이 실려 있다.

　본고에서 참고한 만문본『만전』은 베를린 국립도서관 소장본으로 묄렌도르프(Möllendorff)가 소장하고 있던 자료이다. 사주쌍변(四周雙邊) 무계(無界)에 판심은 백구(白口) 상내향흑어미(上內向黑魚尾)이며, 오각이나 탈각에 의한 오류를 주필(朱筆)로 교정해 놓고 있음이 특징적이다. 판심의 상단에는 간추린 만문 서명(書名)이, 판심의 중앙에는 내용에 대응되는 소제목이 기재되어 있다. 본문은 한 면에 6행인 'dergi hese'와 그림을 중심으로 한 권6을 제외하면 대개 한 면이 9행으로 구성되어 있다.

<그림 1> 탈각된 부분을 주필로 보사한 예 (권1:21a)

　표기상으로 흥미로운 부분은 대상에 대한 존경을 표시하는 수단으로서 이행(移行)과 대두(擡頭)를 적극적으로 활용하고 있다는 점이다. 예를 들어, 제사의 내용과 방법을 규정하고 있는 의주(儀註, dorolon i ejehen)의 본문은 기본적으로 두 칸을 내려 쓰고 있는데, 하늘(abka)이나 부처(fucihi) 등과 같이 제사의 직접적 대상이 되거나, 신위(神位, weceku)나 정식전(亭式殿, ordo) 등과 같이 제사의 대상을 모시는 의례와 관련된 사물을 언급할 경우, 예외 없이 행을 바꾸고 한 칸을 올려 쓰고 있다.

---

　4) 이처럼 가장 많은 만문본『만전』을 보유하고 있음에도 중국에서의 연구가 대개 한문본『滿典』을 중심으로 이루어졌다는 점은 다소 아이러니하다. 이는 사고전서에 수록되어 있는 한문본『滿典』이 만문본『만전』에 비해 이용하기 쉬웠다는 점과 더불어, 자료의 양과는 별개로 제사나 샤먼(saman)을 연구해 온 학자들이 만주어를 활용하는 것을 어려워했기 때문이 아닌가 짐작된다.

2.2. 만문본『만전』의 내용 구성

만문본『만전』은 크게 세 부분으로 나눌 수 있다. 권1의 전반부는 본격적인 내용을 전개하기에 앞선 도입부로서, 제사에 관한 규범을 세우게 된 경위를 밝히고 있다. 권1의 후반부부터 권4까지는 만문본『만전』전체의 주제부에 해당하며, 제사 의례의 내용과 방법을 시기나 유형에 따라 구체적으로 제시하고 있다. 권5와 권6은 일종의 부록에 가까운 부분인데, 각기 제사 의례에 사용하는 물품의 종류와 수량, 그림과 규격을 나열하고 있다.

> (2) 만문본『만전』의 내용 구성
> 　가. 제사 규범을 제정한 경위 (권1:01a-권1:21b)
> 　나. 제사 의례의 내용과 방법 (권1:22a-권4:81a)
> 　다. 제사 물품의 종류와 수량 (권5)
> 　라. 제사 물품의 그림과 규격 (권6)

(2가)는 건륭제의 서문인 'dergi hese', 편찬에 참여한 왕(王)과 대신(大臣, amban)과 관원(官員, hafan)의 이름과 직위를 밝힌 'gebu jergi', 권1부터 권6까지의 목차를 제시한 'fiyelen i ton', 제사 규범을 정한 취지와 경위를 신하들이 정리한 포고문(布告文)에 해당하는 'wecere metere jalin gisurehengge', 배등제(背燈祭, tuibumbi) 때에 사용하는 공물의 종류를 새로이 규정하기 위해 올린 상주문(上奏文)인 'ice baha niyarhūn jaka be dobome tuibure jalin gisurehengge'로 구성된다.

(2나)는 성경(盛京, mukden; 瀋陽)에서 경성(京城; 北京)으로 천도한 전후(前後)의 제사 의례를 'manjusai wecere fe baita be šošome ejehengge'에서 종합하여 제시한 다음, 청나라 황실을 중심으로 매년 정기적으로 실행하는 제사 의례의 방법과 각 의례에서 사용되는 만주어 축문을 크게 의주(儀註, dorolon i ejehen)와 축사(祝詞, forobure gisun)로 나누어 제시하고 있다. 특히 'manjusai wecere fe baita be šošome ejehengge'는 만주족의 제사 의례 전반을 체계적으로 정리하고 있어 문화사적으로 참고가 된다.

(3) 'manjusai wecere fe baita be šošome ejehengge'의 내용 구성
　가. 만주인들이 제사를 행하여 온 연원
　나. 하늘, 신위, 사당에 제사하는 방법
　다. 시기에 따라 행하는 제사 의례의 종류
　라. 직분에 따라 신위에 제사하는 순서
　마. 직분에 따라 샤먼을 천거하는 방법
　바. 제사의 유형에 따른 공물들의 종류
　사. 기타 제사의 유형에 대한 짧은 설명
　아. 집을 떠나 있을 때에 제사하는 방법
　자. 직분에 따라 하늘에 제사하는 순서
　차. 제사할 때에 쓸 떡을 공양하는 방법
　카. 제사할 때에 쓸 술을 담그는 방법
　타. 직분에 따라 제물을 마련하는 방법
　파. 신위에 제사하며 기휘(忌諱)하는 항목

　　(2다)는 (2나)에서 설명한 각 제사 의례에 사용되는 공물과 도구의 종류와 수량, 그리고 그것을 구하거나 만드는 방법을 제사가 이루어지는 장소를 기준으로 당자(堂子, tangse), 곤녕궁(坤寧宮), 마신제(馬神祭)하는 방(morin i jalin wecere boo)에 따라 규정하고 있다. 곤녕궁에서 이루어지는 제사의 경우 공양하는 제물이나 제사에 사용되는 기명(器皿)뿐만 아니라 음식의 조리법과 그것에 사용되는 도구까지 상세하게 열거하고 있음이 주목된다.

　　(2라)는 (2다)에서 언급한 물품의 모양을 그려 넣고 각 물품의 규격을 기록한 부분이다. 다른 부분과 달리 (2라)에서는 그림이 중심이 되며 글은 그림을 설명하기 위한 보조적인 용도로 사용된다. 그림을 제시하는 순서는 (2다)과 동일한데, 자금성(紫金城) 밖에 건립된 당자의 조감도(鳥瞰圖)를 먼저 제시함으로써 제사 장소의 전반적인 구조를 보여 주고 있다. (2라)에 제시된 정보는 본문의 나머지 부분을 이해하는 데에 상당히 도움이 된다.

2.3. 만문본 『만전』의 주요 제사 의례

　　제사에 관한 규범으로서 만문본 『만전』의 본문은 크게 의주(儀註, dorolon i ejehen)와 축사(祝詞, forobure gisun)로 나뉜다. 의주는 청나라 황실을 중심

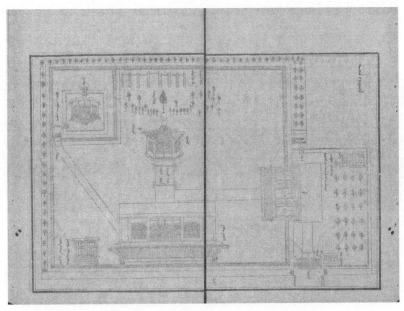

<그림 2> 당자(堂子, tangse)의 그림 (권6:02)

으로 정해진 시기마다 행하는 제사 의례의 방법을 구체적으로 기술한 부분이
며, 축사는 각 제사 의례 때에 샤먼(saman)이 부르는 만주어 축문을 격식에
맞게 제시한 부분이다. 의주와 축사의 구체적인 내용은 제사 의례의 종류에
따라 차이를 보이는데, 근본적으로는 '언제' 어떤 '신위(神位, weceku)'를 모시
고 '어디'에서 행하는 제사인지에 따라 달라진다.

청나라 황실에서 제사 의례가 이루어지는 장소는 크게 당자(堂子, tangse),
곤녕궁(坤寧宮), 마신제(馬神祭)하는 방(morin i jalin wecere boo)으로 구분된
다. 당자란 본래 성경(盛京, mukden)에 건국한 이후 만주족 제사 의례를 거행
하기 위해 설립한 구역이나, 만문본『만전』의 당자는 경성(京城)으로 천도한
이후 자금성 동남쪽의 옥하교(玉河橋) 동쪽에 성경의 당자를 그대로 옮겨 와서
순치(順治) 2년(1645)에 완공한 것이다(柳智元, 2005). 당자의 주요한 건물로는
향전(饗殿, wecere deyen), 정식전(亭式殿, ordo), 상시(šangsi) 신(神)의 정식
전이 있으며, 정식전 북쪽에는 'siltan moo(神樹)'를 세우는 돌이 놓여 있었다.

곤녕궁은 자금성 내정(內廷)에 위치한 건물로 명대(明代)에는 황후(皇后)가 거주하던 장소였지만, 옹정제(雍正帝) 이후 성경의 청녕궁(淸寧宮)을 본떠 만주족 전통 의례를 위한 공간으로 개조한 것이다(柳智元, 2005). 곤녕궁에서의 제사 의례는 곤녕궁 내부의 서난각(西暖閣)과 곤녕궁 안뜰에 세운 'somo(神杆)'를 중심으로 거행되었는데,5) 돼지를 희생(犠牲)하고 요리해 바치는 절차가 포함되어 있어 주방이 마련되어 있었다. 서난각의 서쪽 구들(nagan) 위에는 부처(fucihi), 보살(fusa), 관제신(關帝神, guwan i beise, guwan mafa), 북쪽 구들 위에는 무리간(murigan), 니루간(nirugan), 몽고(monggo) 신의 신위를 모셨다.

(4) 만주인들이 제사를 행하여 온 연원
   musei manju gurun daci abka fucihi. enduri de hing seme gingguleme. tuttu fukjin mukden de. uthai tangse ilibufi. abka be wecehe. tehe gurung ni cin i deyen de weceku ilibufi. fucihi. fusa. enduri. geren weceku be wecehe. udu amala mukdehun. juktehen ilibufi. abka. fucihi. enduri be meni meni juktecibe. fe doro be halahakū an i wecere dorolon be sasari yabubuha. (권1:22a-권1:23a)
   우리 만주국(滿洲國)은 본래부터 하늘과 부처와 신에게 정성스럽게 공경하였기 때문에, 건국한 성경(盛京)에 바로 당자(堂子)를 세워서 하늘을 신위에 제사하였다. 또한 거주하던 궁(宮)의 정면에 있는 전(殿)에는 신위(神位)를 세워서 부처와 보살과 신을 여러 신위(神位)에 제사하였다. 비록 이후에 제단과 사당을 세워서 하늘과 부처와 신을 각기 사당에서 제사하더라도, 옛 예절을 바꾸지 않고 평소대로 신위에 제사하는 예법을 함께 시행하였다.

만문본 『만전』에 따른 만주족의 전통적 제사 의례는 크게 'wecembi'와 'metembi'로 나뉜다. 'wecembi'는 만자(幔子, mengse)를 걸고 신위에 제사하는 의례였으며, 'metembi'는 'somo(神杆)'를 세우고 'hiyase(神杆斗)'를 올려 하

---

5) 곤녕궁은 정면 9칸과 측면 3칸으로 이루어졌는데, 동쪽과 서쪽의 마지막 칸은 각기 곤녕문(坤寧門)과 교태전(交泰殿)을 연결하는 통로의 역할을 하였다. 실내 7칸은 세 부분으로 이루어졌는데, 동쪽 2칸은 황제(皇帝)와 황후가 대혼(大婚)을 치르고 신방을 차리는 공간인 동난각(東暖閣)이었고, 중앙 4칸은 여러 신위들을 모시며 제사 의례를 거행하는 공간인 서난각(西暖閣)이었으며, 서쪽 1칸은 부처(fucihi)의 큰 정식전(amba ordo)을 모시는 공간이었다.

늘에 제사하는 의례였다.[6] 'wecembi'는 곤녕궁의 신위를 당자의 향전으로 옮겨 제사하는 특별한 경우를 제외하면 매일 곤녕궁에서 이루어진 일상적 제사 의례였던 반면, 'metembi'는 정월(正月) 초사흘과 매월 초하루에 거행된 월제(月祭)나 매년 봄과 가을에 거행된 대제(大祭) 때에 곤녕궁에서 'wecembi'를 행한 다음날에만 이루어진 특별한 제사 의례였다.

'wecembi'를 행할 때에는 아침과 저녁에 각기 돼지를 희생하고 신위에 제사를 올렸다. 아침에는 노란 만자를 걸고 지전(紙錢, jiha)을 매어 부처, 보살, 관제신의 신위를 모시고서 샤먼이 신도(神刀, halmari)를 들고 제사 의례를 주재하였으며, 저녁에는 아청(鴉靑) 만자를 걸고 '신령(神鈴, honggon)'을 매어 무리간, 니루간, 몽고 신의 신위를 모시고서 샤먼이 선단 치마(alha hūsihan)를 입고 요령(腰鈴, siša)을 매고 손북(untun)을 치며 제사 의례를 주재하였다. 저녁에 제사한 후에 가림막(dalikū)을 펼치고 실내의 모든 불을 끈 채로 서난각의 남쪽 구들에 모신 여러 신위에 샤먼이 굿하는(samdambi, 跳神) 것을 'wecembi' 중에서도 특히 '배등제(背燈祭, tuibumbi)'라고 불렀다.

실내에서 신위에 모신 제신(諸神)에게 올린 'wecembi'와 달리 'metembi'는 유목 민족으로서의 만주족의 전통을 기반으로 야외에서 올린 제천(祭天) 의례였다. 따라서 'metembi'에서는 샤먼 대신 만주인이 직접 제사 의례를 주재하였다. 'metembi'를 행할 때에는 먼저 안뜰(falan)에서 'soca bele(神米)'를 뿌리고 던져 제사한 다음 돼지를 희생(犠牲)하고 요리하여 그 목뼈와 'sori yali(小肉)'를 하늘에게 바쳤다(oyo gaimbi, 敬天). 제사 의례가 모두 끝난 뒤에는 'hiyase (神杆斗)'에 제사 의례에 사용한 'soca bele'와 목뼈, 고기, 쓸개를 담아 'somo (神杆)' 위에 세웠는데, 이것은 전통적으로 만주족에게 숭배되어 온 까치와 까마귀에게 바치는 제물이었다(김인호, 2005; 이희재, 2016).

청나라 황실에서 지내던 의례 가운데 가장 규모가 큰 행사는 설날에 곤녕궁과 당자의 정식전에서 행한 의례였다. 이날을 위해 바로 전 해의 계월(季月)

---

6) 'somo(神杆)'은 녹나무(anahūn moo)로 만들어 'metembi'를 행할 때에 곤녕궁의 안뜰에 세우는 것으로, 소나무(jakdan moo)로 만들어 매년 봄과 가을에 당자에 세우는 'siltan moo(神樹)'와는 다른 것이다. 그러나 한문본『滿典』에서는 이들에 대한 구분이 명확히 이루어지지 못하였다.

스물 엿새에 미리 곤녕궁에서 아침과 저녁의 신위를 당자의 향전으로 모셔왔
는데, 제사 당일의 삼경(三更)이 되면 황제가 황후나 왕(王), 버일러(beile), 버
이서(beise)를 이끌고 곤녕궁으로 가서 여러 신위에 향을 피우고 배례하였다
(dorolombi). 새벽에는 다시 당자의 정식전에서 세 번 무릎을 꿇고 아홉 번
배례하였는데(三跪九叩), 이때 당자의 정식전에 설치한 잎갈나무 기둥에는 지
전 스물일곱 장을 걸었으며, 의례에 참여한 왕들의 시위는 각기 지전 일곱 장
씩을 걸 수 있었다.

    (5) 시기에 따라 행하는 제사 의례의 종류
    dergi boode aniyadari niyengniyeri bolori juwe mudan tangse de siltan
tukiyeme wecefi. gurung ni dolo uyun jafame ambarame wecembi. targara
inenggi. ergengge jaka warakū inenggi ci tulgiyen. inenggidari wecembi.
biyadari ice juwe de emu mudan metembi. duin erinde ulin hengkilembi. (권
1:24b-권1:25a)
    황실(皇室)에서는 매년 봄과 가을에 두 번 당자(堂子)에서 입수제사(立樹祭祀)
하고서, 궁(宮)의 안에서 보제(報祭)하고 대제(大祭)한다. 재계(齋戒)하는 날이나
살아 있는 것을 죽이지 않는 날 이외에는 매일 신위에 제사한다. 매월 초이틀에는
한 번 하늘에 제사한다. 사계절에는 헌신(獻神)한다.

매년 봄과 가을에 거행된 대제(大祭) 때에는 먼저 제사를 드리기 전에 이틀
동안 곤녕궁에서 깨끗한 물과 시루떡(feshen efen)을 올리며 보제(報祭)를 지
냈다(uyun jafambi). 'siltan moo(神樹)'에 매달 지전(紙錢), 'siren futa(索繩),
enduri girdan(神幡)'과 대제를 거행하며 바칠 청주(淸酒, gocima nure),
'mudan(搓條餑餑)' 등은 보제 기간에 준비하였다. 보제가 끝난 다음에는 당자
에 'siltan moo'를 세워 제사하였는데, 다른 제사와 달리 두 명의 샤먼에 의해
향전과 정식전에서 동시에 진행되었다. 당자에서 제사한 뒤에는 곤녕궁으로
돌아와 신위에 대제(大祭)를 지냈으며, 이튿날에는 'somo(神杆)'를 세워 하늘
에 제사하였다.
    마신제(馬神祭)는 봄과 가을에 대제를 지내고 하늘에 제사한 다음날부터 이
틀에 걸쳐 거행된 제사 의례로서 인절미(tūme efen)와 감주(甘酒, jancuhūn

nure)를 공양하며 아침과 저녁에 돼지를 희생하고 신위에 제사하였다. 첫날에
는 당자의 정식전에서 제사하고서 녹색 명주로 된 'soriha(綢條)'를 흰말의 갈기
와 꼬리에 맨 다음, 마신제하는 방에서 말(馬)을 위해 신위에 제사하였는데
아침에는 붉은 명주로 된 'soriha', 저녁에는 아청 명주로 된 'soriha'에 각기
연기를 쏘여 마굿간으로 보냈다. 이튿날에는 가축을 위해 신위에 제사하였는데
아침과 저녁 모두 아청 명주로 된 'soriha'에 연기를 쏘여 가축들에게 보냈다.

　이외의 중요한 제사 의례로는 봄, 여름, 가을, 겨울의 계절마다 신위에 재물
을 바치던 헌신(獻神)이 있었는데, 만주어로는 'ulin hengkilembi(재물로 절하
다)' 내지는 'ulin gidambi(재물을 권하다)'라고 불렀다. 제사하는 방식은 날마
다 곤녕궁에서 신위에 제사하는 방식과 거의 동일하였으나, 깨끗한 물과 시루
떡 이외에도 말과 소 두 마리씩을 각기 곤녕문(坤寧門)의 동쪽과 서쪽에 매어
놓고서 금과 은, 각종 비단과 베를 진설하여 축원하였다. 축원한 지 사흘 뒤에
는 바친 재물 가운데 은을 제외한 나머지 재물을 기오로(gioro)가 아닌 만주인
에게 팔아 얻은 돈으로 돼지를 사서 다시 신위에 제사하였다.

　비정기적인 제사 의례 가운데 대표적인 것은 구복(求福)으로서 길일(吉日)
을 택해 제사를 지내며 복을 구한 것이다(hūturi baimbi). 구복하기 며칠 전에
는 'sorokū(오색끈)'과 'targa(액막이천)'을 만들고, 전날에는 영대(瀛臺)에서
베어 온 버드나무(fodo moo)를 돌 위에 세웠다. 버드나무에는 지전으로 만든
'ilgari(노란 끈)'과 'targa'로 만든 'girdan(댕기)'를 걸었으며, 샤먼은 'sorokū'를
매단 신전(神箭, debse)을 가지고 제사를 주재하였는데, 감주, 삶은 잉어, 핍쌀
밥, 수단떡(toholiyo efen), 팥단자떡(dubise efen), 튀긴 떡(carure efen), 인절
미 등 상당히 다양한 공물을 바친 것이 특징이다.

　(6) 기타 제사의 유형에 대한 짧은 설명
　wecere. metere. fodo wecere. hūturi baire. morin i jalin wecere ci tulgiyen.
manjusa. geli juse mama tucire de. ulgiyan efen i metere be jailabume balhambi
sembi. efen i metere be suwayan bumbi sembi. yamji farhūn de. booi šun tuhere
ergi fiyasha i tule. ajige mihan i metere be gasan dulebumbi sembi. jeku mutuha
erinde umiyahalara. hiyaribure de usin de genefi justan hoošan be kiru i adali
narhūn moo de hafirafi. efen lala arafi. usin de gamafi wecere be usin wecembi

sembi. jai bolori jeku bargiyame wajiha manggi. efen arafi je falan de gamafi wecere be falan sombi sembi. geli dobori nadan usiha juktere be jugembi sembi. (권1:31a-권1:32a)

신위에 제사하고, 하늘에 제사하고, 버드나무 제사하고, 구복(求福)하고, 마신제(馬神祭)하는 것 이외에, 만주인들이 또한 아이들 마마 걸릴 때에 돼지떡으로 하늘에 제사하는 것을 "두제(痘祭)한다."라고 한다. 떡으로 하늘에 제사하는 것을 "고제(餻祭)한다."라고 한다. 저녁 어둑할 때에 집의 해가 지는 쪽 화방(火防)의 밖에서 작은 새끼 돼지로 하늘에 제사하는 것을 "거수(去祟)한다."라고 한다. 곡식 자란 시기에 벌레 나고 극히 가물 때에 밭에 가서 종이 가닥을 깃발과 같이 가는 나무에 끼우고 떡과 조밥 지어서 밭에 가져가서 신위에 제사하는 것을 "농신제(農神祭)한다."라고 한다. 또 가을에 추수(秋收)하기를 마친 후에 떡을 지어서 마당에 가져가서 신위에 제사하는 것을 "수확제(收穫祭)한다."라고 한다. 또한 밤에 칠성(七星)을 사당에서 제사하는 것을 "칠성제(七星祭)한다."라고 한다.

이외에도 만주족의 제사 의례는 경우에 따라 다양한 방식으로 이루어졌다. 그러나 만주족의 제사 의례에 관한 공식적 문서였던 만문본『만전』에서도 모든 유형의 제사 의례를 다루고 있지는 않다. 다만 (6)과 같이 각각의 유형에 대해 간략하게 언급하고 있을 뿐이다. 그러나 이들 제사 의례가 만주족에게 있어서 중요하지 않았다고 단정할 수는 없다. 만문본『만전』은 청나라 황실을 중심으로 거행되는 제사 의례를 기록한 것이었으므로 민간에서 이루어지는 제사 의례까지 개별적으로 상술하지는 않았을 것이기 때문이다.

3. 만문본『欽定滿洲祭神祭天典禮』의 언어적 특징

3.1. 표현상의 특징

3.1.1. 높임표현
만주어는 한국어와 달리 높임법의 문법형태소가 발달하지 않았다. 그래서 '상유(上諭)'를 작성한 건륭제를 비롯하여 황제, 황후, 신 등의 다양한 높임의 대상이 출현하는 만문본『만전』은 간접적인 방식을 이용하여 그 대상을 높이고 있다.

[1] -bu-

한국어의 '뵈다, 아뢰다, 사뢰다, 드리다' 등과 유사한 방식으로 황제나 신이 목적어로 출현할 때에 사동접미사 '-bu-'를 이용하여 우언적으로 높인 문장들이 발견된다.7)

> (7) 가. <u>hese wasimbuhangge.</u> musei manjusa daci banitai ginggun unenggi. gūnin hing seme ofi. abka. fucihi. enduri be gingguleme jukteme. wecere metere dorolon be umesi ujelembihebi. … (권1:1b)
> <u>황지(皇旨)를</u> 내리시되, "우리 만주인들은 본디 성품이 공손하고 성실하며, 생각을 성심으로 하여서, 하늘과 부처와 신을 공경하여 사당(祠堂)에 제사하고, 신위(神位)에 제사하고, 하늘에 제사하는 예를 매우 중시하였었다. …"
>
> 나. amban be uhei gingguleme kimcime tuwame. tašaraha be dasame. ekiyehun be nonggime. jursulehe be meiteme. dasataci acara babe amban meni muterei teile meni meni afahari dahabufi dele tuwabume <u>wesimbuhe.</u> (권1:16b-권1:17a)
> 신등(臣等)이 함께 삼가 살펴 보고, 잘못된 곳을 고치고, 부족한 곳을 추가하고, 중복된 곳을 편집하고, 수정해야할 곳을 대신(大臣)들 각자가 할 수 있을 만큼만 각각 표첨(票簽)으로 천거하여서 황상(皇上)을 뵙고 아뢰었다.
>
> (8) 가. hese <u>wasimbumbi</u> - 下旨意 - 旨意ᄂ리오다 (동문유해 상:44b)

---

7) 이때의 '-bu-'는 사동의 의미를 파악하기 어렵기 때문에 엄격히 말해 '-bu-'의 기능을 사동접미사로 볼지 피동접미사로 볼지 판단하기가 어렵다. 다만 피동접미사로 볼 경우 '목적어 있는 피동문'으로 처리하게 되는데, 한국어의 '나는 손목을 잡혔다'와 같이 '목적어 있는 피동문'은 주어가 동작의 영향을 받는 관계에 있는 반면 (7)의 예문은 그렇게 보기 어렵다는 점에서 부담이 된다. 한편 Bybee(1985, 이성하·구현정 역 2000:58-60)에 의하면 동사와 사동 표지가 결합한 것들 중에 많은 단어들은 현재 예측 가능한 의미 이외에 독자적인 의미를 가지고 있고 동사의 의미에 근본적인 영향을 끼쳐 자주 어휘화한다고 언급하고 있는데, 이러한 관점에서 만주어 동사들이 황제와 관련된 특수한 환경에서 높임의 의미를 획득한 것으로 생각해 볼 수 있다.

　나. dele tuwabuha - 啓奏 - ㅣㅣㅎ다(동문유해 상:44b)
　다. wesimbumbi - 啓奏 - ㅣㅣㅎ다(동문유해 상:44b)

(7가)는 건륭제가 직접 쓴 '상유(上諭)'의 첫 단락으로 'hese(황지)'를 목적어로 취하고 있다. 'wasimbi'가 타동사인 '내리다'의 뜻이므로 단순히 '-bu-'가 결합되어 '내리게 하다'로만 이해하면 다소 어색하다. (7나)는 'dele(황상)'가 목적어로 출현하였는데 'tuwabumbi'와 'wesimbumbi'는 각각 한국어의 '뵈다, 아뢰다'에 대응된다. (8)은 (7)의 사동사들이 『동문유해』의 표제어로 등재된 것인데 이 단어들이 높임표현에서 쓰였음을 보여 준다.8)

[2] -ki
'-ki'는 청유의 기능을 하는 문법형태소인데 청자가 신과 같은 높임의 대상일 때에도 쓰이고 있음이 확인된다.9)

　(9) abkai juse. fucihi fusa. ejen sefu. coohai janggin. guwan i beise. tere
　　 aniyangga osokon beye. tere aniyangga osokon beye i julefun gingnembi.
　　 …(중략)… fulehe šumin. enduri eršeme. weceku wehiyeme aniya fulehe
　　 šumin. enduri eršeme. weceku wehiyeme aniya se be ambula bahabuki.
　　 (권2:22a)
　　 천자(天子)님들, 부처님, 보살(菩薩)님, 황조(皇祖)님, 선사(先師)님, 삼군
　　 지수(三軍之帥)님, 관성제군(關聖帝君)님, 그 어느 해의 소인(小人)이, 그
　　 어느 해의 소인(小人)을 대신하여 술잔 올립니다. …(중략)… 연(年) 아주
　　 세(歲) 많게, 수명 길고, 뿌리 깊게, 신을 모시고, 신위(神位)에 부조(扶助)

---

8) 『동문유해』는 이전에 간행된 사전류들의 영향을 많이 받긴 하였지만 조선에서 간행된 책으로서 언해가 병기되어 있고 1748년에 간행되었다는 점에서 1747년에 간행된 만문본 『만전』을 이해하는 데에 좋은 참고 자료가 된다.
9) 일반적으로 높임의 대상에게 청유할 때에는 '-rao/reo'가 쓰이는데, 실제로 만문본 『만전』에서 신하가 황제에게 '-rao/reo'를 사용한 용례가 하나 확인된다[dergici toktobureo. / 欽定하소서. (권1:17a)]. 이를 참고하면 황제나 황후보다 1자를 더 올려 적은 신들에게 왜 '-rao/reo'를 사용하지 않고 '-ki'를 사용하였는지 의문이 드나 그 원인은 정확히 알 수 없다. 추정해 볼 수 있는 원인으로, 신들은 실존하는 존재가 아니었다는 점과 샤먼의 접신(接神)에 의한 상하관계의 변화를 들 수 있는데 이에 대해서는 앞으로의 연구가 필요하다.

하니 연세(年歲)를 많이 얻게 하소서.
(10) teki - 請坐 - 안즈쇼셔 (동문유해 상:25b)

(9)는 천자, 부처, 보살 등 신위의 대상에게 샤먼이 축원을 비는 무가의 일부이다. 만문본『만전』에 소개된 무가들은 모두 축원의 대상이 되는 신들을 부르는 것으로 시작하는데 노래의 끝에는 항상 '-ki'로 끝나며 축원을 빌고 있다. 특히 이들 신위의 대상은 의주(儀註, dorolon i ejehen)에서 이행(移行)과 대두(擡頭)의 방식으로 드러나기 때문에 무가의 말미에 출현하는 '-ki' 역시 단순한 청유의 기능으로만 볼 수 없다.『동문유해』에 출현한 (10) 역시 이를 뒷받침하는데, 이처럼 만주어의 '-ki'가 높임표현에 사용되는 이유는 한어에서 청자높임으로 기능하는 '請'과 밀접한 관련이 있는 것으로 보인다.

[3] 어휘적 표현
문법형태소 이외에 동일한 동작에 대해서 높임의 대상과 일반 대상이 단어를 달리 사용하여서 높임을 표현하는 용례들도 확인된다.

(11) hūwangdi niyakūrame. saman forobuha manggi. hūwangdi emu jergi dorolofi ilifi marimbi. saman hengkilefi ilifi giogin arambi.(권1:57b)
황제(皇帝)께서 꿇으시고, 샤먼(saman)이 축원한 후, 황제(皇帝)께서 한 번 행례(行禮)하고 서서 돌아오신다. 샤먼(saman)이 절하고 서서 합장한다.
(12) 가. hūwangdi yali angga isirakū inenggi. idui ambasa. hiyasa be dosimbufi ulebumbi. (권1:64a)
황제(皇帝)께서 고기를 먼저 드시지 않는 날에는, 당직 대신(大臣)들과 시위(侍衛)들을 들이어서 먹인다.
나. angga isi - 請嘗 - 자오쇼셔 (동문유해 상:62b)

'dorolombi'는 명사 'dorolon(禮)'과 관련이 있는 동사로서 축자적으로 '행례(行禮)하다'로만 파악하면 황제와 황후의 행동을 정확히 이해하였다고 보기 어렵다. (11)은 황제와 황후의 행동이 샤먼의 행동과 대구가 되는 문장으로서 '절하다'의 일반적인 단어인 'hengkilembi'는 샤먼(saman)과만 호응하고 있고 황제나 황후에게는 'hengkilembi'를 대신하여 'dorolombi(행례하다)'를 사용하고 있음을 보여 준다.

(12가)의 'angga isimbi' 역시 축자적으로는 '입(에) 이르다'인데 황제와 황후에게만 쓰여서 높임의 기능을 하고 있음을 보여 주고 신하들에게는 'ulebumbi(먹이다)'가 사용되고 있음을 확인할 수 있다. 이는 (12나)를 통해서 보다 분명히 드러난다. 이처럼 황제나 황후는 신들에게 제사를 하는 주체이기도 하지만 그들 스스로가 높임의 대상이기 때문에 직접적인 표현을 피하고 간접적인 표현을 사용하여 높이려 한 것으로 보인다.

3.1.2. 특수어휘의 사용

제사 용어와 관련하여서 일반적인 단어의 사용을 피하고 잘 사용하지 않는 희소한 단어들로 대체하여 사용하는 모습을 보인다. 이것은 일반적인 단어의 상(常)스러움을 피하고 신성함을 드러낸 것이라고 할 수 있다.

> (13) 가. <u>silgimbi</u> serengge. ulgiyan <u>wara</u> be jailabume henduhe gisun.
>   (권1:38a)
>   "전희(牷犧)한다" 하는 것은, '돼지를 죽임'을 숨겨 이르는 말이다.
> 나. ulgiyan <u>bucehe</u> be <u>tekdeke</u> sembi. (권1:38a)
>   돼지 죽은 것을 '희생(犧牲)'이라 한다.
> 다. wecere de lakiyaha hoošan jiha be <u>deijire</u> be <u>tekdebumbi</u> sembi.
>   (권1:38b)
>   제사할 때에 건 종이돈을 사르는 것을 "소지(燒紙)한다"라고 한다.
> 라. ulgiyan i uju fatha be fucihiyalafi. funiyehe be sidume gaire be <u>šo</u>
>   serakū. <u>waša</u> sembi. (권1:38b)
>   돼지의 머리와 발을 그슬려서, 털을 평평하게 깎아 제거하는 것을 "삭모(削毛)하라" 하지 않고 "전모(剪毛)하라"라고 한다.

(13)은 '만주인들이 본래부터 행하여 오던 기휘(忌諱)하는 항목'(권1:37a-39b)에 실려 있는 내용으로서 '죽이다'를 뜻하는 일반적인 동사인 'wambi' 대신 'silgimbi'(13가)를, '죽은 대상[犧牲]'을 가리키는 일반적인 동명사인 'bucehe' 대신 'tekdeke'(13나)를, '사르다'를 뜻하는 일반적인 동사인 'deijimbi' 대신 'tekdebumbi'(13다)를, '깎다'를 뜻하는 일반적인 동사인 'šombi' 대신 'wašambi'

(13라)를 사용하고 있음을 설명하고 있다. 이밖에 만문본『만전』에서 별도의 설명은 없지만『신만한대사전』을 참고하면, 본문에는 '줄, 끈'을 뜻하는 일반적 인 단어인 'futa(繩子)'를 피하고 'siren futa(索繩)'를 사용하고 있는 것 역시 제사 용어와 관련된 특수어휘에 포함된다.

3.1.3. 의미의 확장 내지 추가

앞에서 살펴본 'dorolombi'와 같이 만문본『만전』에는『신만한대사전』이나 『만주어사전』 등에 등재는 되어있으나10) 그 의미를 확장하여 기존의 사전류 에는 소개되지 않은 더 넓은 의미를 지니거나 다른 의미로 사용되는 경우들도 확인된다.

>   (14) 가. menggun ilan babe <u>tebeliyehe</u> sahaliyan mooi sabka juwe juru.
>   (권5:16b)
>   은 셋 이것으로 감싼 烏木의 젓가락 두 짝
>   나. cece i siseku i <u>fere</u> juwan juwe. (권5:26a)
>   깁체의 쳇불 열둘
>   다. sektefun tebure cinuhūn simenggilehe <u>kobdon</u> emke. (권5:3b)
>   깔개를 담는 주홍 기름칠한 상자 하나

(14가)의 'tubeliyembi'는 보통 '안다[抱]'를 뜻하지만 주어가 무정체언인 경 우, '감싸다, 상감하다'의 의미로 확장된 것으로 보인다. 한문본『滿典』에서는 '鑲'으로 번역하고 있는데, '상감하다'를 뜻하는 동사는 'kiyalmambi'가 더 일반 적으로 사용된다는 점에서 이 단어가 조금씩 유의어 관계를 구축해가고 있음 을 확인할 수 있다. (14나)의 'cece i siseku'는 축자역하면 '깁의 체'로, 곧 고운 가루를 치는 데 쓰는 깁으로 쳇불을 메운 '깁체'를 가리킨다. 'fere'는『신만한대 사전』과『만주어사전』에 '밑, 배밑, 수레밑' 등의 의미로만 소개되어 있다. 하지 만 '깁체'와의 관계에서 '쳇불'이라는 하나의 대상을 가리키는 것으로 이해하지

---

10) 본고에서는 현대에 간행된 만주어 사전들 중에서 중국에서 간행된『신만한대사전』과 일본에서 간행된『만주어사전』을 중심으로 살펴보았다. 그 이유는 두 사전에 수록된 어휘 수가 방대하기도 하고 각각의 사전에 수록된 어휘가 조금씩 차이를 보여 상호 보완 적으로 검토를 하는 데에 용이하기 때문이다.

않고 단순히 '밑'으로만 해석하면 어색하며 이를 통해 그 의미가 확장되어 사용되었음을 볼 수 있다. (14다)의 'kobdon'은 사전류에서는 '살통, 전동(箭筒)'의 뜻만 제시되어 있다. 그러나 본문에서 'kobdon'은 화살이 아닌 '깔개를 담는 통'으로 쓰이고 있으며, 한문본『滿典』의 '箱'에 대응된다는 점과 만문본『만전』(권6:14b)의 그림을 참조하면 단순한 '상자'의 뜻으로 그 의미가 확장되었음을 알 수 있다.

3.1.4. 범주어가 결합된 합성어의 잦은 사용

만문본『만전』의 'dergi hese(上諭)'에는 책의 편찬 과정에서 한어의 잦은 사용을 근심하여 한어를 만주어로 순화하려는 노력이 있었음을 엿볼 수 있다.

(15) jai baitalara jaka hacin i dorgi. <u>nan mu moo</u> jergi daci manju gisun akū. nikan gisun be dahame hūlarangge be. gemu gūnin be gaime. manju gisun ubaliyambume gebulefi. uheri ninggun debtelin obume banjibuha. (권1:4a)
또 쓸 물품들 가운데는, '남목(楠木)나무'와 같이 본래부터 만주어가 없이, 한어(漢語)를 좇아 부르던 것을, 다 그 뜻을 취하여 만주어로 번역하여 명명(命名)하고서, 모두 합쳐 여섯 권으로 만들어 편찬하였다.

그리하여 실제로 본문에서는 오직 (14)와 같이 'nan mu moo'를 순화한 'anahūn moo'만이 출현한다.

(16) kuk'an i fejile sindaha <u>anahūn moo</u>i fangkala dere de lamun ilhangga amba yeherei moro juwe sindambi. (권3:31b)
캉 가장자리의 아래에 놓은 <u>녹나무</u>로 된 낮은 상에 남색 꽃무늬가 있는, 사기로 된 큰 사발 둘을 놓는다.

(15, 16)를 통해서 알 수 있는 사실은 한어의 사용에 있어서도 그 의미를 뚜렷이 하기 위해 'mu(木)'와 의미가 중복되는 만주어 'moo'를 사용하는, 일종의 동의중복 조어(造語) 방식이 건륭제의 상유에도 출현할 만큼 일반적이었다는 것이다. 이러한 조어 방식은 만주어로 순화하는 데에도 영향을 미쳐 'moo'와

같은 범주어가 번역차용어에도 그대로 반영되어 만문본『만전』에서 자주 확인된다. 범주어가 결합된 단어들을 범주어별로 나누어 소개하면 다음과 같다.

(17) 나무(moo): jakdan moo(소나무), fodo moo(버드나무), siltan moo(깃대나무, 神樹), wantaha moo(杉, 잎갈나무), mooi sihan(나무통), cuse moo(대나무, 竹子).
베(boso): mabu boso(抹布, 행주)
떡(efen): miyegu efen(기장떡), dubise efen(팥단자), toholiyo efen(水團)
신(enduri): guwan mafa enduri(關帝)
풀(orho): jeku orho(조짚)
물(muke): šeri muke(샘물)
쌀(bele): fisihe bele(차조), soca bele(고수레, 神米), yeye handu bele(찹쌀)
문(duka): kiyan cing men duka(乾淸門)
물고기(nimaha): mujuhu nimaha(鯉魚)
말(morin): suru morin(흰말)
상(床, dere): tusergen dere(反坫床)

(17)의 단어들은『신만한대사전』이나『만주어사전』등의 사전류를 참고하면 'jakdan(솔)', 'siltan(깃대)', 'miyegu(기장떡)', 'mujuhu(잉어)' 등과 같이 범주어가 결합하지 않은 단어들이 동의어로 확인되는 단어들로서11) 만문본『만전』에서는 이처럼 범주어가 결합된 단어의 사용이 잦았음을 보여 준다.

3.2. 조어(造語)상의 특징

앞에서 보인 (15)는 만문본『만전』이 간행된 시기에 한어의 영향이 광범위하였음을 잘 말해준다. 또한 건륭제는 이러한 현상을 극복하고자 한어를 만주어로 번역하는 방식으로 번역차용어를 사용하였다. 실제로 만문본『만전』에는『신만한대사전』이나『만주어사전』등을 비롯한 사전류들에서는 출현하지 않는 번역차용어들이 다수 출현한다.

만문본『만전』이 갖는 의의 중의 하나는 기존의 사전류에 출현하지 않는

---

11) 범주어 결합된 단어들 중 'mabu boso', 'mooi sihan', 'guwan mafa enduri', 'jeku orho', 'šeri muke' 등은『신만한대사전』이나『만주어사전』에는 등재되어 있지 않은 단어들이다.

번역차용어들이 단순한 사이비 만주어가 아니라 급속한 한어화를 저지하기 위한 당시의 일반적인 만주어 조어 방식이었음을 확인시켜 준다는 점이다.12) 이러한 번역차용어들은 이들을 축자적으로 풀이하면 그 의미가 다소 어색하거나 잘 통하지 않지만 한어 단어를 떠올리며 읽으면 그 맥락을 쉽게 이해할 수 있다는 공통점이 발견된다.

그러나 만문본『만전』은 'dergi hese(上諭)'의 기술처럼 온전히 만주어만 출현하는 것은 아니다. 건륭제의 노력에도 불구하고 한어 차용어들이 본문의 곳곳에서 확인되는 것은 만주어와 한어를 구별하기 힘든 고유어화된 단어들이 있었음을 보여 주는 것이며 한어의 침투가 어느 정도였는지를 짐작하게 한다.

3.2.1. 번역차용어

번역차용어는 주로 한어를 축자적으로 번역한 단어들이 대부분이고 부분적으로 한어와 무관하게 대상을 설명하는 방식으로 순화어를 만든 경우도 존재한다. 범주어가 결합한 번역차용어들은 앞에서 살펴보았으므로 범주어가 결합하지 않은 번역차용어를 살펴보자.

> (18) jancuhūn nure sunja hūntahan. erin i tubihe uyun fila. (권1:66a)
> 감주(甘酒) 다섯 잔, 제철과일 아홉 접시

'erin i tubihe'는 축자역하면 '때의 과일'이다. 이것은 '제철과일'의 뜻으로 한문본『만전』을 참고하면 '時果'의 번역차용어라 할 수 있다.

> (19) angga i jeku be amtangga ulebu. fulgiyan cira be fulhurembu. (권4:17a)
> 입으로 곡식을 맛나게 먹게 하소서. 혈색 좋은 얼굴[紅顔]을 증가시키소서.

---

12) 『동문유해』에는 이처럼 기존의 사전류에서는 확인되지 않으나 한어를 축자적으로 번역한 만주어들이 일부 출현하는데 기존의 논의에서는 조선에서 간행되었다는 이유만으로 사이비 만주어로 바라보는 인식이 있었다.

'fulgiyan cira'는 축자역하면 '붉은 얼굴'이다. 이것은 '홍안(紅顔)'의 번역차
용어로 '홍안'은 단순히 얼굴색이 붉다는 뜻이 아니라 '젊어서 혈색이 좋은 얼
굴'을 가리키는 말로 샤먼이 신에게 젊음을 더 오래 간직하기를 비는 말이다.

(20) ordo i dolo dengjan dabure sunjata yan i <u>suwayan ayan dengjan</u> ilan.
(권5:5a)
정식전(亭式殿) 안의, 등잔(燈盞) 켜는 다섯 량(兩)씩의 황랍초[黃蠟燭] 셋

'suwayan ayan dengjan'은 축자역하면 '누런 밀랍 등잔'이다. 이때의 'suwayan'
은 단순히 색깔이 노랗다는 뜻이 아니라 그 재료가 밀납[黃蠟]인 것을 뜻하므로
'黃蠟燭'의 번역차용어임을 알 수 있다.

(21) 가. dorolon be kadalara <u>sy</u> (예를 관할하는 司, 掌儀司) (권1:8b)
나. weilere arara <u>sy</u> (만들고 짓는 司, 營造司) (권1:9a)
다. acabufi bodoro <u>sy</u> (만나게 하여서 헤아리는 司, 會計司) (권2:32b)
(22) 『신만한대사전』
가. dorolon be kadalara <u>fiyeten</u>
나. weilere arara <u>fiyeten</u>
다. acabufi bodoro <u>fiyeten</u>

(21)은 만문본『만전』에 출현하는 관청명들로,『신만한대사전』에 등재되어
있는 (22)와 달리 'fiyeten'을 한어 '司'를 음차한 'sy'로 표기하여 차이를 보이고
있다. (21)의 단어들 역시 한어의 한자 각각의 뜻을 풀어서 만주어로 번역한
것들로서 (21다)와 같이 축자적인 풀이가 어색한 단어를 통해서 이 단어들이
번역차용어임을 보다 뚜렷이 보여 준다.
그 밖에 한어와의 관련성을 보이는 번역차용어들을 간략히 제시한다.13)

(23) kubun i tonggo(솜의 실, 棉線[무명실]), encu boo(따로 방, 別室), heliyen
i boo(방아의 방, 碓房[방앗간]), enteheme elhe obure duka(길이 평안하게

---

13) 괄호 속의 좌측은 축자역을, 우측은 한문본『만전』에 출현한 한어 내지 대응되는 한어와
그 뜻을 나타낸다.

만드는 문, 長安門), na dorgi(땅 안쪽, 內廷), samsulaha ilha(꽃무늬 놓은
꽃, 鏤花[무늬를 새기다]), ten i gisun(극진의 말, 至言[지극히 당연한 말.
또는 지극히 좋거나 중요한 말]), tuwame arambi(보고 짓다, 監造[감독하
여 글을 짓다]), tuwame nirumbi(보고 그리다, 監繪[감독하여 그림을 그
리다]), amba muru(큰 모양, 大槪) 등.

3.2.2. 한어 차용어

한어 차용어들은 아래의 (24가, 나)와 같이 대체로 지역 및 장소명과 직위
및 관직명에 주로 분포되어 있고, (24다~마)에 소개되어 있는 차용어들은 대부
분 일찍부터 만주어에 들어와서 한어에 대한 인식이 없어진 단어들로 보인다.
그러나 (24마)의 'fulun(俸祿)'은 『어제청문감』(1708)에는 등재되지 않았으나
이후에 간행된 『어제증정청문감』(1771)에는 등재되어 있으므로 이처럼 만문
본 『만전』의 시기에서야 그 쓰임을 확인할 수 있는 한어 차용어들도 존재한다.
또한 (24가)의 'deyen(殿)'과 'giyoo tai diyan(交泰殿)'에서 '殿'의 발음이 다르
고, 앞에서 언급한 'kiyan cing men duka(乾淸門)'와 같이 'duka'가 결합한 단어
와 (24가)의 'nei dzo men(內左門)'과 같이 'duka'가 결합하지 않은 단어들이
뒤섞여 있어서 한어 차용어들의 차용 시기나 조어 방식의 차이에 대해서는
앞으로의 연구가 필요하다.

(24) 가. 지역 및 장소명: kun ning gung(坤寧宮), (堂子), nan hiyūn diyan(南薰
殿), hiyan an gung(咸安宮), cang cun yuwan(暢春園), že ho(熱河),
nei dzo men(內左門), gin guwang dzo men(近光左門), ging ho men
(景和門), deyen(殿), giyoo tai diyan(交泰殿), jyli(直隷), yan king jeo
(延慶州), ingtai(瀛臺), ioi ciowan(玉泉)
나. 직위 및 관직명: hūwangdi(皇帝), hūwangheo(皇后), wang(王), gung
(公), taidz(太子), taifu(太傅), cin wang(親王), taigiyan(太監), sefu(師父)
다. 제사음식명: giyoose(餃子), maise(麥子), jempin(煎餅), giyangdu(豇豆)
라. 제사도구명: mengse(幪子), hiyan(香), kiyoo(轎), fan(盤), samsu(三
升), dengjan(燈盞), fifan(琵琶), tampin(胆瓶), joli(笊籬), fiyoose(瓢子)
마. 기타: dangse(檔子), fusa(菩薩), jai(再), fulun(俸祿), taifin(太平),
yan(兩, 의존명사)

3.2.3. 합성어로 보기 어려운 단어

지금까지의 만주어 연구에서 다소 소홀히 다루어졌던 영역이 단어 형성, 특히 합성어와 관련된 부분이었다. 만주어 문장의 서술 방식이 단일어 내지 단일형태소 단위로 띄어쓰기를 하고 있기 때문에 합성어를 파악하기가 어렵다는 점도 있었지만 『청문감』이나 '만한합벽' 문헌들에 이끌려서 깊은 고민 없이 하나의 한어(漢語)에 대응되는 구(句) 단위의 만주어 표제어를 사전에 등재시킨 것도 문제라고 할 수 있다.

둘 이상의 만주어 단어가 결합하여 하나의 한어와 대응하는 것은 엄격히 말하면 만주어 합성어라기보다는 한어를 번역한 번역차용어이다. 물론 번역차용어들 중에서도 그 쓰임이 활발하여 만주어 합성어로 변화하는 것들이 있겠지만, 만문본 『만전』에 출현한 번역차용어들 중에서는 아직 합성어로 보기 어려운 용례들도 일부 출현한다.[14]

(25) falanggū forimbi(손바닥 치다, 拊掌)
　　가. 拍板, 鼓板, 鼓掌 (満族跳神式舞时拍手和韵)。 (신만한대사전)
　　나. (舞の歌に合わせて)手拍子を取る。拍手する。鼓掌[7.樂部·樂3] (만주어사전)
　　다. tenggeri. fifan an i fitheme. carki an i tūme. falanggū an i forime.
　　　　(권3:38b)
　　　　삼현, 琵琶 평소대로 뜯고, 박판 평소대로 치고, 박수 평소대로 치고

(25가, 나)는 사전류에 'falanggū forimbi'가 합성어로 실려 있음을 보여 주고 있다. 그러나 (25다)를 보면 'an i'가 'falanggū forimbi'의 가운데에 개재 가능하여서 'falanggū'와 'forimbi'가 분리 가능한 두 개의 단어임을 보여 주고

---

14) 합성어와 구를 구별하는 기준에는 음운론적 기준, 형태·통사론적 기준, 의미론적 기준으로 나눌 수 있다. 이 중에서 음운론적 기준은 만주어 문어자료의 특성상 그 음가를 파악하기가 쉽지 않으므로 통시적으로 표기에 반영된 음운변동 이외에는 기준의 적용이 어렵다. 반면 형태·통사론적 기준에서는 구성 요소의 분리 가능성과, 외적 분포(external distribution) 관계를 적용해볼 수 있다. 의미론적 기준에서는 한어를 번역한 번역차용어들의 경우 축자적인 의미가 어색한 융합된 의미를 지니는 단어들이 많으므로 번역차용어와 합성어의 차이를 구별하기가 어렵다.

있다. 만약 'falanggū forimbi'가 합성어 구성이었다면 'an i falanggū forimbi/
평소대로 박수 치다'가 출현하여야 하는데, 만문본『만전』에는 이러한 용례가
출현하지 않는다.

> (26) yeherei moro(사기의 사발, 磁碗)
>   가. yali doboro lamun ilhangga <u>yeherei moro</u> sunja. (권5:47a)
>   고기 공양하는 남색 꽃무늬 사기의 사발 다섯
>   나. nure tebure lamun ilhangga <u>amba yeherei moro</u> juwe. (권6:13a)
>   술 담는 남색 꽃무늬의, 큰 사기의 사발 둘
>   다. juwe <u>amba</u> lamun ilhangga <u>yeherei moro</u> de tebumbi. (권2:39a)
>   두 큰 남색 꽃무늬의 사기의 사발에 담는다.
>   라. derei ninggude juwe suwayan <u>yeherei amba moro</u> sindafi. (권1:54b)
>   상의 위에 두 노란 사기의 큰 사발 놓고서

『신만한대사전』과『만주어사전』에는 'yehere moro'가 '磁碗'을 뜻하는 단어
로 등재되어 있다. 두 명사가 결합한 합성어의 경우 속격조사의 유무가 큰 문
제가 되지 않고 (26가, 26나, 26다)와 같은 용례들을 통해서 합성어로 볼 가능
성도 있으나, (26라)와 같이 'amba'가 두 단어의 사이에 개재한다는 점에서
이 역시 단순한 번역차용어로 보아야 할 것이다.

> (27) senggi duha(피 창자, 血腸)의 출현예와 corho의 그림
>   가. ulgiyan. honin i duha de senggi tebuhengge be. senggi duha sembi.
>   (어제청문감, 권18:3b)
>   돼지, 양의 창자에 피 담은 것을, 피 창자(순대)라 한다.
>   나. <u>senggi duha</u> tebure de baitalara menggun i corho.
>   (권6:47a)
>   피(를) 창자(에) 담을 때에 쓰는 은의 순댓고리
>   다.

'senggi duha'는 (27가)와 같이『어제청문감』에서부터 이미 표제어로 제시되어 있고『신만한대사전』과『만주어사전』에도 이를 참고하여 '血腸(순대)'의 뜻으로 등재되어 있다. 그러나 이들 사전류에서는 'senggi duha'가 실제로 문장에서 사용된 용례를 전혀 보여 주고 있지 못하기 때문에 합성어 판별이 쉽지 않았다.

(27나)는 'senggi duha'가『만전』의 문장에 출현한 것이다. 제사에 쓸 순대를 제조하는 (27다)의 '순댓고리(corho)'[15] 그림을 설명하는 문장으로 'senggi duha'의 서술어인 'tebumbi(담다)'가 단순히 '순대를 (어딘가에) 담다'라는 뜻으로 쓰인 것이 아니라 '피(senggi)를 창자(duha)에 담는다'는 의미로만 해석되는 문장이므로 당시의 'senggi duha'는 아직 합성어로 굳어진 것으로 보기 어렵다.

4. 만문본『欽定滿洲祭神祭天典禮』가 주는 시사점

만문본『만전』은 만주족 제사 연구와 만주어 연구는 물론 한국어 연구에도 몇 가지 시사점을 제공한다.

먼저 만문본『만전』에서는 두 개의 단어로 제시되었던 것들이 한문본『만전』에서는 하나의 단어로 통일되어 번역된 곳들이 더러 있다. 이러한 번역의 문제들은 샤먼 제사 절차의 고증에 기여하는 바가 크다. 특히 한문본『만전』만 살펴보았던 연구자들에게는 알 수 없던 정보를 새롭게 제공한다는 의의를 갖는다.

---

15) 'corho'는 [한문본]에서는 '溜子(고리)'로 나타난다.『만주어사전』과『신만한대사전』에서는 소주를 증류하는 도구로서 '燒酒溜子(소줏고리)'는 등재되어 있으나 순대를 만드는 도구의 의미는 실려 있지 않으므로 의미를 추가할 필요가 있다. 'corho'의 원뜻은 '투구의 장식을 꽂는 대롱'을 뜻하므로 '소줏고리'나 '순댓고리'는 생김새에서 비롯한 의미 확장으로 보인다. 한편 순대 속을 채우는 데 사용하는 전통적인 도구에 대한 한국어 명칭은 오늘날 전하지 않기에 '소줏고리'를 참고하여 '순댓고리'라는 용어를 만들어 번역하였다.

(28) 神杆(한문본) : siltan moo/somo(만문본)

　　가. tangse de lakiyaha hooxan. <u>siltan moo</u>i sasari tekdebumbi. (권1:64b)
　　　　(堂子內所掛淨紙及<u>神杆</u>同化之)
　　　　당자(堂子)에 걸었던 종이, 신수(神樹)와 함께 소지(燒紙)한다.

　　나. meterengge. gemu <u>somo</u> ilibufi wecembi. ere gemu abka be
　　　　wecerengge. (권1:23b) (又有建立<u>神杆</u>以祭者此皆祭天也)
　　　　하늘에 제사하는 것은, 다 신간 세워서 신위에 제사한다. 이는 모두
　　　　하늘을 신위에 제사하는 것이다.

　(28)은 'siltan moo(12회)'와 'somo(36회)'가 한문본 『만전』에서 신간(神杆,
간혹 神竿으로도 출현)으로 통일하여 번역된 예이다. 그러나 'siltan moo'와
'somo'는 전혀 다른 것으로, 권6에서 소개하고 있는 아래의 <그림2, 3>을 통해
서 보다 분명히 드러난다. 이처럼 한문본 『만전』은 중요한 제사도구들에 대한
기술에서 정밀함이 부족함을 단적으로 보여 준다.

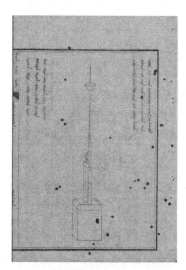

<그림 3> 신간(神杆, somo) (권6:33b)

<그림 4> 당자(堂子)의 신수(神樹, siltan moo) (권6:2a)

(29) 高麗布(한문본) : solho boso/mušuri(만문본)

가. siren futa tebure <u>solho bosoi</u> fulhū emke. (권5:8a)
(盛索繩高麗布橐一)
삭승(索繩)을 담는 무명의 부대(負袋) 하나

나. suwayan <u>mušuri</u> enduri girdan be siltan moo de lakiyambi. (권3:35a)
(將黃高麗布神旛懸於神杆之上)
노란 모시로 된 신번(神旛)을 신수(神樹)에 건다.

(29)의 'solho boso'와 'mušuri' 역시 한문본『만전』에서 고려포(高麗布)로 통일하여 번역된 예이다. 'solho boso'를 축자역하면 '高麗 布'가 되는데 이는 단순히 우리나라에서 수출된 면직물의 질이 좋아서 붙여진 이름일 뿐 정확히 어떤 종류의 면직물을 가리키는지 알 수 없다. 게다가 'mušuri'조차도 한문본에서는 '高麗布'로 번역하고 있어 제사도구들에 대한 정밀함이 떨어짐을 알 수 있다. 이와 관련하여서는 조선에서 간행된『동문유해』를 참고하면, 'solho boso'는 '고려(당시는 조선) 무명'이고, 'mušuri'는 '모시'임을 알 수 있다. 다음으로 현대 만주어 사전의 오류를 바로잡는 데 기여를 한다.

(30) 가. siltan <u>tukiyeme</u> ambarame wecembi 擧杆大祀乃堂子内大祀名見祭祀 條例(만주어사전)

나. siltan <u>tukeyemen</u> ambarame wecembi 擧杆大祀 (신만한대사전)

다. tangse de siltan <u>tukiyeme</u> ambarame wecere dorolon i ejehen. (권3:30a)(堂子立杆大祭儀注)
당자(堂子)에서 입수대제(立樹大祭)하는 의주(儀注)

(30가, 나)는 '입수대제(立樹大祭)'의 만주어에 대한 두 사전의 표제어인데 'tukiyeme'와 'tukeyemen'으로 표제어의 일부가 차이를 보이고 있다. (30다)는 만문본『만전』의 용례로 'siltan tukiyeme'는 간혹 'ki'의 'i'의 획이 굵게 보이는 용례들도 있어서 'siltan tukeyeme'처럼 보이기도 한다.16) 그러므로 (30나)의 표제어는 후대의 와전된 어떠한 문헌을 참고하였을 것으로 보이며, 만문본『만전』이 초기의 공식적인 문헌으로서 제사 용어와 관련하여 사전들의 오류를 바로 잡는 기준으로 그 역할을 한다.

끝으로 국어사적인 측면에서 한국어로 언해된 단어들을 좀 더 깊이 이해하는 데에 도움을 준다.

> (31) tenggeri
> 가. 三絃 세줄거문고 tenggeri (한청문감 권3:55b)
> 나. 세줄거문고 – 석줄거문고, 삼현금 (교학 고어사전)
> 다. 세줄거문고 – 석줄 거문고 (이조어사전)
> 라. 세줄거문고 – 삼현금 (우리말 큰사전)17)
> 마. tenggeri의 그림과 설명
> tangse wecere de saman nure gingnere halmari tanjurame jarime jalbarire de fithere tenggeri. golmin ici ilan jušuru duin jurhun. (권6:38b)
> 당자(堂子)의 신위에 제사할 때에 샤먼이 술 헌수(獻酬)하는 신칼로 축사하며 신가(神歌) 부르고 빌 때에 뜯는 삼현. 길이는 석 자 네 마디.

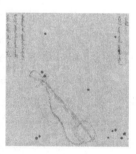

(31)의 '세줄거문고'는『동문유해』와『한청문감』에만 출현하는 어휘이다. 그러므로 이 단어는 만주어와 밀접한 연관이 있음을 알 수 있는데, 오늘날 일반적으로 이용하는 옛말 사전들에는 이에 대한 자세한 설명이 없어서 그 실상

---

16) ⟨권1:12b⟩
17) 참고 어휘로 '두줄거문고'를 제시하고, '두줄거문고'를 '거문고의 한 가지'로 풀이하고 있다.

을 알기 어렵다. 그런데 (31마)에서는 tenggeri에 대한 그림과 함께 설명을 덧
붙이고 있어서 언해된 '세줄거문고'가 '거문고'와 유사한 악기가 아니라 단순히
'三絃(琴)'의 '琴'을 번역한 것일 뿐 그 생김새나 연주법은 비파에 더 가까운
악기임을 알 수 있게 한다.

(32) mocin
　　가. 靑布, 毛靑布 (신만한대사전)
　　나. 織目が密で艶のある紺染の布(직물이 조밀한 윤기 있는 감색의 베)。
　　　　佛頭靑布, 毛靑 (만주어사전)
　　다. 가는 청삼승/佛頭靑布 (한청문감)
(33) mocin samsu
　　가. 毛靑布 (신만한대사전)
　　나. 織り目が密で艶のある青黒色の綿布(직물이 조밀한 윤기 있는 검푸른
　　　　빛의 무명)。毛靑布 (만주어사전)
　　다. 두청삼승/毛靑布 (한청문감)
(34)【두청삼승】囹 ((복식)) 두청삼승. 미상. (필사본 고어대사전)

　(32)은 mocin, (33)는 mocin samsu에 대한 사전 풀이다.『신만한대사
전』(32가, 33가)에서는 둘 다 '毛靑布'로 풀고 있어 동의어로 보고 있고,『만주
어사전』(32나, 33나)에서는 설명을 통해서 두 단어의 차이를 미세하게 밝히고
있으나 '毛靑'과 '毛靑布'도 함께 제시하고 있어서 다소 모호하게 기술되어 있
다.『한청문감』(32다, 33다)에서는 '가는 청삼승'과 '두청삼승'으로 풀이하고 있
어서 두 단어의 뜻이 다름을 밝히고 있는데 (34)에서 보듯이 '두청삼승'은 <필
사본 고어대사전>에서 '미상'으로 제시하고 있어 오늘날은 그 의미를 정확히
알 수 없다. 이처럼 사전마다 약간씩 차이를 보여도 이들의 명확한 관계를 파
악하기 어려운 이유는 mocin과 mocin samsu가 모두 문장에서 출현하는 문헌
을 찾기 어렵기 때문인데 만문본『만전』에서는 이 두 단어가 구별되어 사용되
는 문장이 발견된다.

　(35) 가. gecuheri. undurakū. giltasikū. cekemu. alha. hacingga suje juwan.
　　　　mocin samsu dehi be cinuhūn simenggilehe fangkala dere de sindafi.

(권2:30b)
망룡단, 용문단, 금선단, 우단, 선단의 각종 비단 열 필, 두청삼승(斗靑
三升) 마혼 필을 주홍 기름칠한 낮은 상에 놓고서
나. suwayan aisin. šanggiyan menggun. gecuheri. undurakū. giltasikū.
cekemu. alha, boconggo suje. <u>mocin. samsu.</u> delungge morin.
yarfungga ihan be tukiyeme enduri weceku de gingnembi. (권2:35a)
황금(黃金), 백은(白銀), 망룡단, 용문단, 금선단, 우단, 선단, 무늬 있는
비단, 청삼승(靑三升), 삼승(三升), 갈기 있는 말, 고삐 달린 소를 들어
신령(神靈)에게 헌수(獻酬)합니다.

(35)는 'mocin samsu'가 출현한 문장들인데 (35가)는 'dehi'라는 수사와 호
응하여 'mocin samsu'가 하나의 합성어로 파악되는 반면 (35나)는 나열 기능
의 점(點)에 의해서 'mocin'과 'samsu'가 두 개의 단어로 파악되는 문장이다.
게다가 mocin과 mocin samsu의 의미차이에 대해서는 『한청문감』의 설명을
참조할 수 있다.

(36) 『한청문감』(권10:60a)
가. mocin - narhūn gincihiyan fulaburu boso.(가늘고 화려한 홍청색 베)
나. mocin samsu - narhūn gincihiyan yacin boso.(가늘고 화려한 아청색 베)

(36)은 mocin과 mocin samsu가 '홍청색(紅靑色):아청색(鴉靑色)'이라는 색
깔의 차이에 의해서 구별되고 있음을 보인다. 이처럼 제사도구와 관련하여서
단어의 사용을 엄격히 구별하고 있는 만문본『만전』을 통해서 두 단어가 다름
을 확인할 수 있고『한청문감』의 만주어 설명을 통해서 언해된 '청삼승'과 '두
청삼승'의 의미차이까지 파악할 수 있다.

(37) 쯰오다
가. 물을 찌우다 (이조어사전)
나. 찌우다 (교학 고어사전)
다. <옛>⇒삐우다 (우리말 큰사전)
다'. 삐우다 - 찌게 하다. 물 같은 것이 졸아들게 하다 (우리말 큰사전)
(38) 찌우다

가. '찌다04「2」'의 사동사 (표준국어대사전)

가'. 찌다04「2」- 고인 물이 없어지거나 줄어들다. (표준국어대사전)

(39) 삐다

　가. 찌다. 넘치다 (이조어사전)

　나. 넘치다 (교학 고어사전)

　다. 찌다 (우리말 큰사전)

(40) sekiyembi에 대한 언해와 만문 풀이

　가. 씌오다/湴淋/sekiyembi (한청문감 권12:62a)

　나. nure tebure de huhu be meijebufi muke kūthūfi šoro de tebufi muke
　　sabdabumbi (한청문감 권12:62a)
　　술 담글 때에 누룩을 빻아서 물로 버무려서 광주리에 담아서 물 새게 한다.

(37)은 '씌오다'에 대한 옛말 사전들의 뜻풀이로 '씌오다'는 '찌우다'의 근대국어 어형임을 보여 준다. (38)은 '찌우다'에 대한 <표준국어대사전>의 풀이인데 '찌다'의 사동형으로 그 뜻은 '물을 줄어들게 하다' 정도로 이해된다. 한편 (37다)는 '씌오다'의 중세국어 어형을 제시한 것으로 '씌오다'는 '삐다'의 사동형 '삐우다'에서 온 것임을 알 수 있다. 그런데 (39)을 보면 '삐다'의 뜻에는 오늘날의 '찌다'만이 아니라 '넘치다'의 의미까지 포함하고 있다. '넘치다'의 의미로 파악하는 근거는 중세국어에 '넘치다'의 소급형인 '넘삐다'가 출현하여[18] '삐다'와 '넘삐다'가 큰 의미차이를 보이지 않는 문장이 있기 때문인데,[19] '찌다'와 '넘치다' 간의 의미적 연결성을 찾기 어렵다는 문제가 있다.

이처럼 옛말 사전의 뜻풀이는 당시의 국어에 대한 직관이 없는 현대국어의 화자가 해당 단어가 출현한 문장의 맥락을 파악하여 그 뜻을 유추하는 방식으로 기술된다. 반면에 『한청문감』의 언해는 만주 문장의 뜻풀이를 통해서 당대의 화자가 의미가 통하는 한국어를 표제어로 소개하고 있으므로 그 뜻을 더 정확히 파악할 수 있다. (40가)는 '씌오다'가 만주어 'sekiyembi'의 언해로 출현한 것으로 (40나)의 'sekiyembi'의 풀이를 보면 '씌오다'와 더 가까운 뜻은 '줄어들게 하다'보다 '(아래로) 새게 하다[漏]/sabdabumbi'임을 확인할 수 있다.

---

18) 이 큰 長者ㅣ 쳔랴이 그지업서 種種 藏둘해 다 ᄀᆞ득기 넘삐거늘 (是大長者財富無量, 種種諸藏悉皆充溢) (월인석보 권12:32a)

19) 甁읫 믈이 삐며 다돈 이피 열어늘 부러 뷘 길흘 츠자 가더니 (월인천강지곡 상:65b)

'삐다'의 기본 의미를 '찌다'나 '넘치다'가 아닌 '새다[漏]'로 파악하면 (39)의 '찌다'와 '넘치다'의 의미적 관련성을 설명할 수 있다. 우선 '찌다'를 (37다)와 같이 '(위로 내지 공기 중으로) 졸아들게 하다'로 파악한 것은 '뜨거운 김으로 익히거나 데우다'의 의미를 지닌 동음이의어 '찌다'를 고려한 것으로 보이는데 '찌다[蒸]'의 중세국어 소급형은 '삐다[蒸]'로 '삐다'와 형태적 차이를 보이기 때문에 직접적으로 연결시키기는 어렵다. 게다가 만문본『만전』에는 제삿술을 제조하는 방법이 기술되어 있는데 'sekiyembi'가 소주와 같이 '증류주(蒸溜酒)'를 만들 때 사용된 것이 아니라 'gocima nure(짜낸 술, 黃酒, 淸酒)'를 만드는 'sabdabumbi'가 올 자리에 쓰이고 있어서『한청문감』의 풀이처럼 '물을 새게 하여 거르다' 정도의 의미로 파악된다.

(41) dergi boode niyengniyeri. bolori juwe forgon de. siltan tukiyeme ambarame wecere de. dehi inenggi onggolo anggara sindafi. fisihe lala teliyefi huhu i suyen sekiyefi. gocima nure tebumbi. (권1:35a)
황실(皇室)에서 봄과 가을 두 계절에, 입수대제(立樹大祭)할 때에는, 40일 전에 독을 놓고, 차조로 조밥을 찌고, 누룩의 누룩물을 걸러서, 청주(淸酒) 담근다.

5. 맺음말

본고에서는 만문본『만전』을 대상으로 서지와 더불어 그 체제 및 내용의 특징을 살펴보고, 만문본『만전』이 보이는 언어적인 특징을 검토한 후 이 자료가 주는 시사점을 언급해 보았다.

만문본『만전』은 청나라에서 간행된 제사 문헌 가운데 최초의 공식적인 문헌으로서 청대의 샤먼 연구에 있어서 한문본『만전』으로는 알 수 없는 세세한 면을 보여 준다는 점에서 의의를 지닌다. 또한 언어학적으로는 다른 자료들에서는 찾아볼 수 없는 다양한 모습의 만주어를 보여 주며, 기존 만주어 사전들이 지닌 오류를 바로잡는 데 기여할 수 있는 요소들도 찾아 볼 수 있다. 이 밖에 만주어를 옮긴 한국어 단어들을 보다 깊이 있게 이해하는 데도 만문본

『만전』은 유익한 내용을 지니고 있다.

이처럼 만문본『만전』은 청나라 제사 의례를 이해하는 데 중요한 역할을 하는 문헌일 뿐만 아니라, 만주어와 한국어를 보다 깊이 있게 이해하고 연구하는 데도 귀중한 언어적 사실들을 보여 준다는 점에서 의미를 지닌다. 앞으로 이 문헌에 대한 다양한 분야에서의 전문적인 연구들이 지속될 수 있기를 희망해 본다.

<참考文献>

[국내]

김유범·김미미(2013), 「『同文類解』의 滿洲語 한글 표기 체계에 대하여」, 『민족문화연
  구』 제58호, 고려대학교 민족문화연구원, pp.553-578.
_____(2014), 「만주어 사전 구축을 위한『同文類解』의 활용 가능성 모색」,
  『민족문화연구』 제62호, 고려대학교 민족문화연구원, pp.181-208.
김인호(2005), 「鳥卵문화와 만주족의 새 숭배」, 『문화콘텐츠연구』 제10집, 대한중국학
  회, pp.379-400.
柳智元(2005), 「淸代 皇室祭祀의 샤머니즘적 性格: 堂子와 坤寧宮 제사를 중심으로」,
  『明淸史硏究』 제23집, 명청사학회, pp.285-310.
이윤석(2006), 「雍正帝와 淸代 國家祭祀」, 明淸史硏究 제25집, 명청사학회, pp.171-211.
이 훈(2012), 「청 황실의 샤머니즘 제사('만주족 이야기' 제8회)」, 웹진 民硏 15, 고려대
  학교 민족문화연구원.
이희재(2016), 「청대(淸代)의 궁중 무속, 살만교(薩滿敎)의 위상」, 『한중인문학연구』 제
  50호, 한중인문학회, pp.219-239.
임계순(2000), 『淸史: 만주족이 통치한 중국』, 신서원.
崔元午 編譯(2000), 『滿族의 무속과 무가 I』, 박이정.
최용철 외(2014), 『청대 만주족의 샤먼 제사: 祭祀全書巫人誦念全錄』, 소명출판.

[국외]
姜相順(1994), 「淸宮薩滿祭祀及其歷史演變」, 『淸史硏究』 第1期, pp.71-78.
姜小莉(2011), 「淸宮薩滿神辭芻議」, 『吉林師範大學學報(人文社會科學版)』 5, pp.44-46.
_____,(2016) 「《欽定滿洲祭神祭天典禮》對滿族薩滿敎規範作用的考辨」, 『世界宗敎
  文化』 2016年 第2期, pp.94-99.
郭淑雲(1992), 「《滿洲祭神祭天典禮》論析」, 『社會科學輯刊』 5, pp.79-85.
劉厚生·陳思玲, 「《欽定滿洲祭神祭天典禮》評析」
萬依·黃海濤(1997), 「淸代紫禁城坤寧宮祀神音樂」, 『故宮博物院院刊』 4, pp.68-78.
关英(1994), 「漫話滿族祭天享鵲習俗」, 『北方文物』 1, 黑龙江省文物总店, p.73.
殷悅(2015), 「淺談滿文本《欽定滿洲祭神祭天典禮》」, 『滿語硏究』 61, pp.134-138.
赤松智城·秋葉隆 共著(1941), 『滿蒙의 民族과 宗敎』, 京城: 大阪屋號書店.
Bybee. Joan L, *Morphology: a study of the relation between meaning and form*,
  Amsterdam/Philadelphia: J. Benjamins, 1985.(이성하·구현정 역(2001),
  『형태론』, 한국문화사)

[사전류]

김형수(1994), 『만주어 몽고어 비교어휘사전』, 형설출판사.

河內良弘 編著·本田道夫 技術協力(2014), 『滿洲語辭典』, 松香堂書店.

胡增益 主編(1994) 『新滿漢大辭典』, 新疆人民出版社

선문대학교 중한번역문헌연구소(1994), 『필사본 고어대사전』, 학고방.

남광우(2006), 『(教學)古語辭典』, 教學社

유창돈(2005), 『李朝語辭典』, 연세대학교 출판부.

한글학회(1991), 『우리말 큰사전 4: 옛말과 이두』, 어문각.

[영인본]

만문본 『欽定滿州祭神祭天典禮』, 베를린 국가도서관본.

『동문유해』, 서울대본.

『한청문감』, 프랑스본.

□ 성명: 吳愍錫(Oh, Min-Seok)
　　주소: 서울시 강북구 솔샘로64나길 23 201호
　　전화: 010-4094-0805
　　전자 우편: malbeot@korea.ac.kr

□ 성명: 成宇哲(Seong, Woo-Cheol)
　　주소: 서울시 성북구 종암동 북악산로29길 25 505호
　　전화: 010-9466-6771
　　전자 우편: azrael14@naver.com

□ 이 논문은 2017년 10월 7일 투고되어
　　　　　　2017년 11월 15일부터 11월 30일까지 심사하고
　　　　　　2017년 12월 10일 편집회의에서 게재 결정되었음.

국립중앙도서관 소장 『司譯院完議』*

정승혜

(韓國, 水原女大)

1.

이 글에서는 국립중앙도서관에 소장된 『사역원완의(司譯院完議)』(古朝31-232)를 소개하고자 한다. 완의(完議)란 어떤 단체나 조직의 운영을 위해 구성원들끼리 서로 합의하여 결정한 내용을 적어 서로 지킬 것을 약속하는 문서를 통틀어 말한다. 『사역원완의』는 사역원 운영과 관련하여 사역원 관원들이 서로 합의한 사항을 정리한 것이라 할 수 있는데, 특히 이 자료는 사역원 가운데서도 한학(漢學)의 연소총민청(年少聰敏廳)과 관련된 내용을 담고 있다. 즉, 사역원 연소총민청의 운영에 관한 일종의 내규집(內規集)이라 할 수 있다.

사역원(司譯院)은 조선시대 외국어의 통역과 번역에 관한 일을 관장하기 위해 설치되었던 관서이다. 조선시대 사역원은 두 가지 기능을 가지고 있었다. 첫째는 사대교린(事大交隣)에 필요한 인재를 양성하기 위해 한어(漢語)·몽어(蒙語)·여진어(女眞語, 조선후기에는 淸語)·왜어(倭語, 일본어) 등 외국어를 교육하는 교육 기관으로서의 기능이고, 둘째는 외국어의 통역과 번역 등을 맡아 보는 일반 관부(官府)로서의 기능이다.

『통문관지(通文館志)』의 서문에 "院有四學, 日漢蒙倭淸, 其爲廳凡三十有四"라 하였듯이, 사역원에는 사학(四學), 즉 중국어, 몽고어, 일본어, 만주어를 배우는 사학과, 34개의 청(廳)이 있었다. 그러나 현재 그 이름을 확인할 수 있는 것은 『통문관지』권1, 연혁, 관사(官舍)조에 보이는 대청(大廳), 열천루(冽泉樓), 훈상당상청(訓上堂上廳), 상사당상청(常仕堂上廳), 겸교수청(兼敎授廳), 한

---

* 이 자료는 2014년 『문헌과 해석』 64호에 실렸던 것이다. 역학서 연구자들에게 소개하는 차원에서 재수록한다.

학전함청(漢學前銜廳), 교회청(敎誨廳), 한학관청(漢學官廳), 연소총민청(年少聰敏廳), 상통사청(上通事廳), 몽학청(蒙學廳), 왜학청(倭學廳), 청학청(淸學廳), 부군당(符君堂), 중문(中門), 대문(大門), 우물[井], 연못[池] 등과 『속록(續錄)』의 열천루(冽泉樓), 한학전함청(漢學前銜廳), 구압물청(舊押物廳), 삼압물청(三押物廳), 차상청(次上廳), 우어별체아청(偶語別遞兒廳), 왜학총민청(倭學聰敏廳), 관용청고사(管用廳庫舍) 등이다. 이를 통해 우리는 사역원의 산하에 각종 청(廳)들이 있었음을 알 수 있다.

이 가운데 한학연소총민청은 만력(萬曆) 기축(己丑) 선조 22년(1589)에 설치된 것으로, 설치 목적은 한학을 장려하고 역관들에게 부경(赴京)의 기회를 넓혀주자는 데 있었다. 『사역원완의』는 이 한학 연소총민청의 운영에 관한 내용을 담고 있다.

사역원의 조직과 운영에 대해서는 그간 주로 『통문관지(通文館志)』나 『동문휘고(同文彙考)』 등을 통해 고찰해 왔는데 이 자료는 그들을 보완해 주는 내용들을 담고 있어, 사역원 및 역관의 연구에 큰 도움을 줄 수 있다.

2.

이 책의 도서번호는 '古朝31-232'이고, 책 크기가 비교적 큰 36.9×27 cm의 필사본이다. 장정(裝幀)은 5침으로 되어있고 표지는 마포(麻布)로 싸여 있다. 누가 어디서 필사하였는지는 미상이나, 이 책의 앞부분에 '完議 嘉慶丁卯 八月日'이라는 내용으로 보아, 순조(純祖) 7년(1807)에 필사된 것으로 보인다.

『사역원완의』의 내용을 살펴보면, 엄밀히 말해 '사역원한학연소총민청완의(司譯院漢學年少聰敏廳完議)'라 할 수 있다. '연소총민(年少聰敏)'이란 조선시대 사역원·관상감 등 기술관청 소속의 관원으로, 본래 연소자 중에서 장래성 있는 자를 뽑아 중국 또는 일본에 사행(使行)이 있을 때마다 수행시켜서 해당국의 언어를 학습하게 하거나 기술을 배우게 한 것을 말한다. 사역원에서 한어(漢語)를 배우게 하기 위하여 북경으로 보낸 것은 일찍부터 시작되었으나, 일본에

그림 1 사역원완의 1a

그림 2 사역원완의 표지

보내게 된 것은 훨씬 후대의 일로 보인다. 연소총민청은 사역원 안에서 이들을 담당하였던 관청의 하나라 할 수 있다.

『사역원완의』는 어느 한 시점에 완성된 것이 아니라 어떤 특정한 일이 발생할 때마다 필요에 따라 그 내용을 지속적으로 수정 보완해 온 것임을 알 수 있다. 이는 본문에 보이는 '舊憲', '癸丑完議', '甲戌完議', '丙申完議', '新添' 등의 표현을 통해 짐작할 수 있다.

현재의 사역원완의는 고종 13년(1876)에 그 내용이 최종적으로 정리된 것이다. 자료의 맨 마지막을 보면 "丙子四月十一日 新定完議"라는 설명과 함께, 당시에 자료의 정리에 참여한 것으로 생각되는 9명의 이름과 그들의 수결(手決)이 있다.

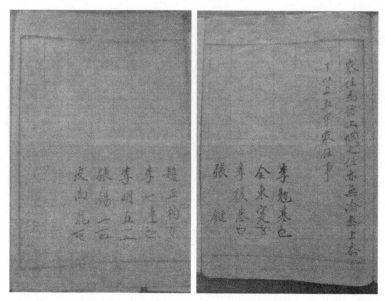

그림 3 사역원완의 작성 참여자 2   그림 4 사역원완의 작성 참여자 1

이들의 이력과 전공을 표로 보이면 다음과 같다.

이 름	이 력	전공
이면기(李勉基)	기해(己亥, 1779년))생, 자는 사행(士行), 순조(純祖)1년(1801) 신유식년시(辛酉式年試) 2위, 총민(聰敏), 첨정(僉正)	한학(漢學)
김동식(金東寔)	갑진(甲辰, 1784년)생, 초명 김동직(金東稷), 자 성필(聖弼), 순조(純祖) 1년(1801) 신유식년시(辛酉式年試) 2위, 관직 - 敎誨, 同知, 聰敏, 訓導, 敎授, 正	한학(漢學)
이복기(李復基)	경자(庚子, 1780년)생, 자 보경(保慶), 순조(純祖) 1년(1801) 신유증광시(辛酉增廣試) 5위, 관직 - 聰敏, 부(父)-이언진(李彦瑱)	한학(漢學)
장련(張鏈)	계사(癸巳, 1773년)생, 자 계련(季連) 정조(正祖) 22년(1798) 무오식년시(戊午式年試) 3위, 관직 - 聰敏, 主簿	한학(漢學)
조정표(趙正杓)	갑오(甲午, 1774년)생, 자 운평(運平) 정조(正祖) 16년(1792) 임자식년시(壬子式年試) 2위, 관직 - 聰敏, 同知, 回科	한학(漢學)

이일달(李一達)	정미(丁未, 1787년)생, 초명 영달(永達), 자 경삼(景三) 순조(純祖) 5년(1805) 을축증광시(乙丑增廣試) 2위, 관직 - 聰敏, 僉知	한학 (漢學)
이명오(李明五)	무신(戊申, 1788년)생, 초명 영방(榮邦), 자 여직(汝直) 순조(純祖) 5년(1805) 을축증광시(乙丑增廣試) 2위, 관직 - 聰敏, 僉知	한학 (漢學)
장석일(張錫一)	을사(乙巳, 1785년)생, 자 회천(希天) 순조(純祖) 5년(1805) 을축증광시(乙丑增廣試) 5위 관직 - 聰敏	한학 (漢學)
피상룡(皮尙龍)	순조(純祖)13년(1813) 계유증광시(癸酉增廣試) 관직 - 聰敏	한학 (漢學)

『사역원완의』는 모두 9편으로 나뉘어져 있다. 즉, 완의(完議), 서도강식(書徒講式), 보궐식(補闕式), 좌차식(座次式), 납례식(納禮式), 부연체아식(赴燕遞兒式), 벌식(罰式), 조애식(助哀式), 신정완의(新定完議) 등의 순서이다.

완의(完議)(세부항목 1)는 한학출신자들의 부경체아(赴京遞兒)에 관한 내용을 담고 있으며, 서도강식(書徒講式)(세부항목 3)은 청관(廳官)들의 고강(考講)에 관한 규정과 방법을 정리한 내용이다. 보궐식(補闕式)(세부항목 17)은 연소총민청에 결원이 생겼을 때 충원하는 방법과 신래(新來), 즉 처음으로 연소총민청에 들어온 자들이 반드시 지켜야 하는 예절 등을 정리한 것이다. 좌차식(座次式)(세부항목 9)은 청회시(廳會時)의 예절과 청관들을 충원할 때 유념해야 할 사항을 정리한 부분인데, '좌차'라는 말은 자리의 순서, 즉 석순(席順)을 의미한다고 여겨지나, 『사역원완의』에 있어서는 이와 달리 연소총민청에 근무하는 역관들의 조직에 관한 사항이 담겨 있다. 납례식(納禮式)(세부항목 8)은 신래나 중래(重來)가 청(廳)에 들어올 때 청에 납부하여야 하는 예전(禮錢)이나 부경(赴京)하거나 혹은 외지 근무자들에게 청에서 내 주어야 하는 전별금(餞別金)의 액수를 적은 부분이다. 부연체아식(赴燕遞兒式)(세부항목 9)은 부경역관들의 선발 기준을, 벌식(罰式)(세부항목 12)은 청령을 어긴 청관들에게 부과하는 각종 벌칙에 관한 내용을 담고 있다. 그리고 조애식(助哀式)(세부항목 10)은 청관들이 애사(哀事)를 당했을 때 청에서 어떤 것을 지급하고 또 조의는 어떻게 해야 하는지 등을 규정한 부분이다. 신정완의(新定完議)(세부항목 1)는 행수관(行首官) 임명 기준 변경에 대한 내용을 담고 있다. 총 70항목이다.

9편을 항목수가 많은 순서대로 적어본다면 보궐식(17), 벌식(12), 조애식(10), 좌차식(9), 부연체아식(9), 납례식(8)이다. 항목수가 많다는 것은 그만큼 규정해 두어야 할 사안이나 또는 기존 규정 가운데 새로 고쳐야 할 부분이 많았음을 의미한다. 예를 들어 보궐식의 경우, 자격도 없으면서 연소총민청에 들어오려는 자가 늘어나게 되자 이를 막을 수 있는 새로운 조처를 마련해야 한다는 내용이 들어 있다.

3.

『사역원완의』는 국내에 전하는 유일본으로서, 현전하는 자료 중『통문관지』,『동문휘고(同文彙考)』 등과 함께 조선시대 사역원의 모습을 이해할 수 있게 하는 매우 중요한 자료이다. 조선시대 사역원에서는 외교와 통상 업무를 수행할 때 항상 등록(謄錄)이나 규례(規例), 각종 절목(節目) 등을 참고하였으며, 업무 처리 결과를 정리해 두었다고 하는데,『통문관지』를 편찬할 무렵(1720년)에는 사역원 내에 있었다고 하는 34개의 청 이름조차 남아 있지 않다. 따라서 이를 보완할 수 있는 새로운 자료들의 발굴이 시급한 실정인데, 이 자료는『통문관지』에 기록되어 있지 않은 연소총민청의 운영과 관련한 정보를 자세히 기록하고 있다. 뿐만 아니라 부경(赴京)에 참여하는 역관 선발에 관련된 내용이나 청령을 어긴 자에 대한 벌금 규정 등, 사역원 내의 상황을 이해할 수 있는 중요한 정보를 제공해 준다. 이를 통해 사역원이나 사역원 내 역관의 생활을 이해하는 데 도움을 줄 수 있을 것이다.

完議 嘉慶丁卯八月日
萬曆己丑選漢學岩身有將來
者以本業經史輪回考試特設
赴京遠兒以其亦崇每行差遣
全崇德甲申減其赴京遠兒而
考涯則因舊不廢順治癸巳上
去涯其赴京遠兒 出屋辭 謄錄

사역원완의 02

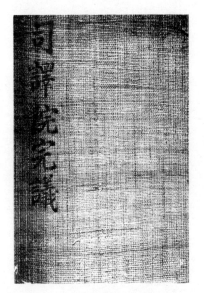

사역원완의 01

書徒講式
每年四季朔生起特老乞大朴
通事伍倫全備肖四書二經
通鑑諺解輪回考涯而衆一而共
知實病和謀迎考講釋病呈
此本業不通呼不考並互下
考經史不通者置中考曰公

사역원완의 03

一新來挂束許泰考講則興
才先講事
一經官年五十者眼文事六十
前一期益頻涯事
官亂粮官等人員與講期末
官作散動行差備行中掌務
岩使挂束涯 命終制出仕祿

사역원완의 04

他有異必為處絃〻毋則三事

司依憲預備六事有釋明謀

迎者處〻不從以為論罰事

補薦式

本處之設意非〻何等有關於

擇若身祿官中有才望者擬

薦圈點眤以上陸補而今〻

사역원완의 05

同則以薦次居先而有些少又

不適者則一次停薦事 憲舊

一代職祿官薦望時切勿舉

論事

一本廳素稱遴選攷在前薦

望必以曾經祿官可合人錄

擇擬薦其意有在而近來

사역원완의 06

一聽凡不古防閑解弛薦圈之

際〻論誰某科祿人圖圖書

入全〻可〻〻之別興偶語處

抄筭第〻無異同其為傍現

之指點有識之〻歎顧惟久

矣每當汰才期於精抄減之

又減一寮之〻〻〻四五人膠守

사역원완의 07

前法倅有實勤而且之有授次

祿官之法此則名鞋祿官〻〻

異代職自今完議〻後申明

定式務畫一之法授次祿

官視以代職切勿游薦事 添新

一本處係是遴選〻地每當才

時必為圈點而今番則図

사역원완의 08

都提舉令付各廳不拘圈點
以元舉記直入故不得已以元
舉記呈納為古字日後陞殿依前
圈點後諸赴試才事　癸丑完議
一新來陞差後第三日知面事　完議
㗩日出帖西納例則限二十　日
舉行事

사역원완의 09

一新三期四剌六期諸泰而一
實不可則否事
一新來許泰滿六期乃諸而以有
怠慢不恭之習則難追此限
句許事
一新來及重來禮物未畢納者
句許事
來及諸泰者赴京差除時益

사역원완의 10

句舉論重來以差下日子為
好許仕事
一新來諸泰後赴京次第以舊
居先事
一新來許泰前句諸歷坐事
一新來必見恭順盐後許來而
以有不恭之事則改為損汰也

사역원완의 11

六期後句損事
一新來四剌言致及訓上政益為
而絕則極品事
一平民完議中有役舉應淺者
以武不通則越一次傳舉之規
盖経史子集文意不通則停舉
一次有意所存而全於正音不通

사역원완의 12

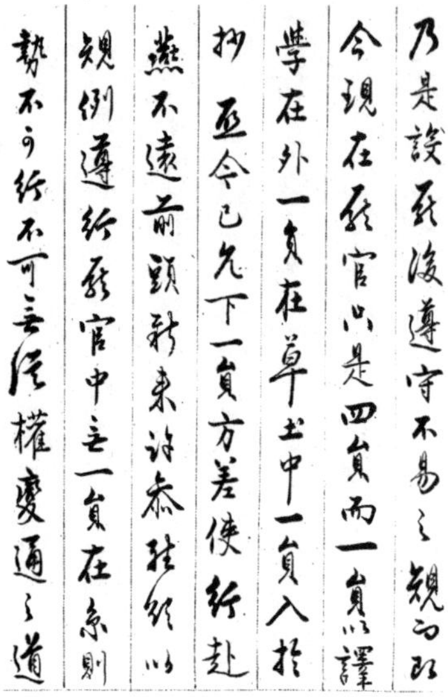

사역원완의 14

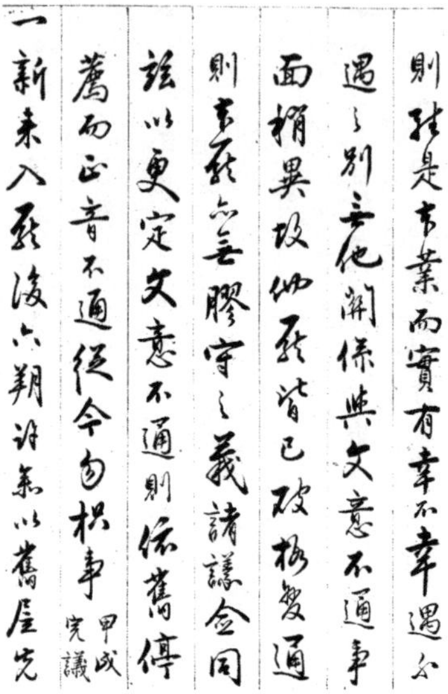

사역원완의 13

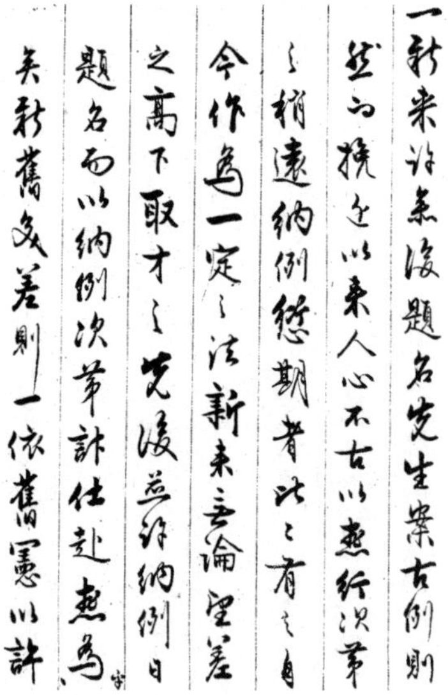

사역원완의 16

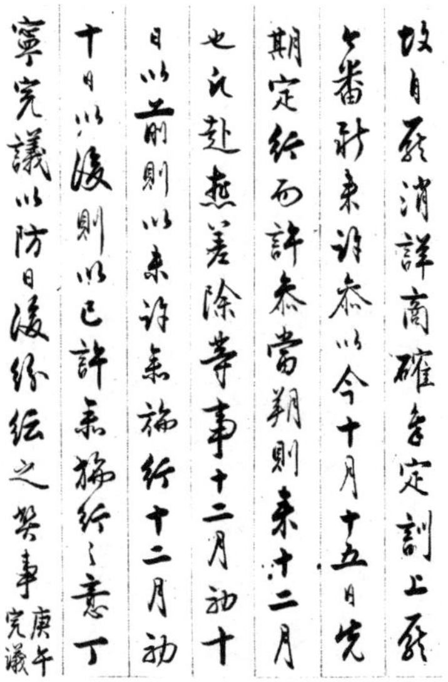

사역원완의 15

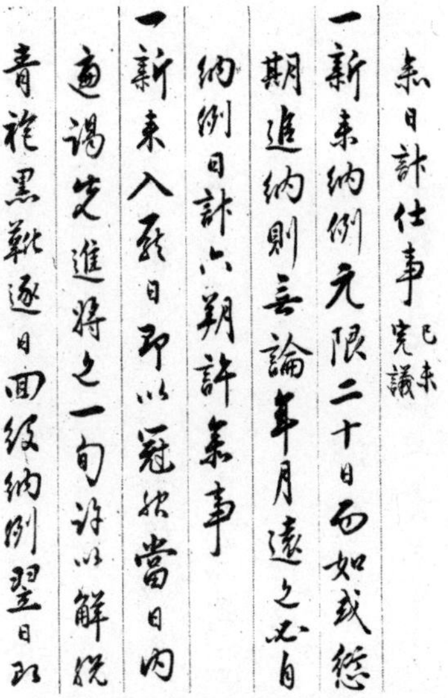
未日許仕事 己未完議
一新來納例元限二十日而如或緩
期追納則無論年月遠近必自
納例日許六朔許參事
一新來入廳日即以冠帶當日內
通謁先進將之一旬許以解脫
青袍黑靴逐日面[illegible]納例翌日[illegible]

사역원완의 17

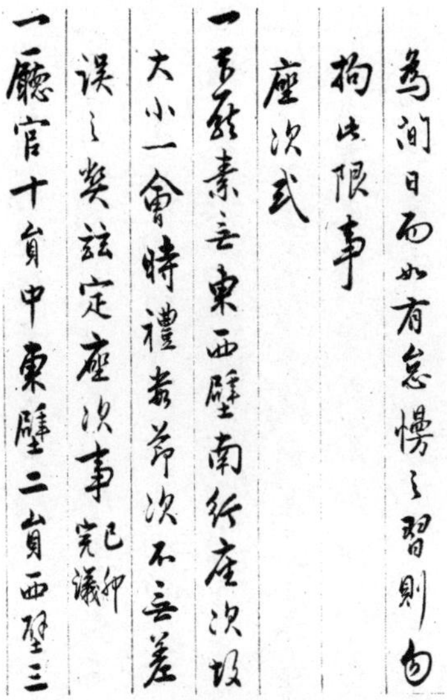
爲閒日而如有怠慢之習則自
拘此限事
座次式
一本廳素無東西壁南行座次故
大小一會時禮貌節次不無差
誤之弊茲定座次事 己卯完議
一廳官十員中東壁二員西壁三

사역원완의 18

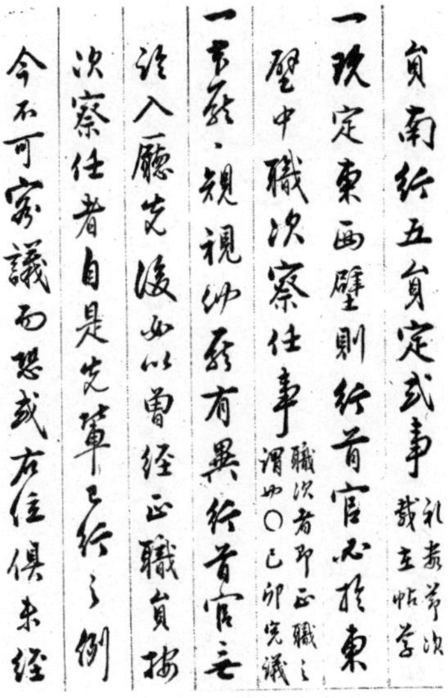
員南行五員定式事 禮貌節次載主帖[illegible]
一改定東西壁則行首官必於東
壁中職次察任事 職次者即正職之謂也 ○ 己卯完議
一本廳親視御廳有異行首官無
經入廳先後以曾經正職員按
次察任者自是先輩之行之例
今不可容議而恐或有往俱未經

사역원완의 19

新來曾有已經超居長席則
非但有欠於尊先達之風擾諸
事理決不容是也長席有闕分
以右位中曾經正職及上綱之員
視次察任而或右位俱未經正職
則廳官居首之人本廳齊進經
者於訓上廳請按其窠正職後

사역원완의 20

北得察任行首官事 晝

一重難上綱則必以東西望中集上
負差出下綱則下住五負輪回察
住事
一上綱則每必限下綱則周年安撫
而以有惠慢者則石以待以即
為政善事

사역원완의 21

一歲會時計奉則章狀而元云則
青花黑靴一齊祗住樣之儀則
繁甚可觀此則設一廳後流東不
易之古法遵守幾年來敢或
慶之日以來歷官之自說比之
有之沐但右住下住之効而謂
注之不行自上犯之者不幸之

사역원완의 22

之渡今以後申明舊規相與
勸勉云踏誤習之弊事 新添
一掌務官廳中而在青毋及出
入物毋着實傳交以為日後憑
考之地事
一任官等內元禮罰等物不即收
捧則註以滿待其畢捧後以為

사역원완의 23

一廳官祿職禮奉上一兩奉下五
一重來例銀立兩納歷事 代錢 上同
一新來例納正木三十疋助哀例
木五疋代絟禮銀四十兩
達政事
納禮式

사역원완의 24

戈納承事
一承官外住遠來後禮銀一兩納
廳事（代銶二兩）
一廳官赴京時以承備銀一兩餞
別事（代錢二兩）
一承官赴燕時餞別貳兩四還後
元禮錢參兩助京□例銀五錢

사역원완의 25

代文一兩例則并而來知何年
廢而不舉是喻溯考舊憲法宏
舉行為旅別行則言論有包擧
包元禮錢參兩及帽丁依例納承
為旅承官中必有必承按次式軍
官赴燕之貞則餞岁元禮銷依
承緹別帽丁則自議事
完議 丙辰

사역원완의 26

一廳官赴燕時餞別禮錢現有
丙辰完議而當次貞家有攷必
孟任代行餞別禮錢帽丁依例
舉行為旅按次貞蔣必子任代
行必依此例遵行事
完議 辛酉
一赴燕回還後必以黑帽子二立李
針二封通州貿武三戈重喬宏書

사역원완의 27

一罰式納承而代錢別切勿訴施事
赴燕遠究式
一當年來各承赴燕按差不頋
法例或以他承承或以他學或承
衙鬧散者此之有之必盖岁於一
人之私而創出言前之法遂出觀
觀之階梯但為法之清雜事之

사역원완의 28

사역원완의 29

終亂而⋯前頭意外之災不⋯不

深慮況且吏吝⋯規視他應有

異則豈可劾其淸難⋯謬則乎

藉然應貪或有是奬證以⋯奬

飭戒唯我吏貪⋯赴熟并與

他吏他學雜相接差⋯貽傍觀

者竊笑而半不遵此者自當吏⋯

사역원완의 30

吏削汰切不饒貸⋯意永爲定

式而後來吏貪視此完文施

行⋯式弁髦爲 年條、未詳

一元赴熟次弟⋯論等謝厚薄緩

急⋯行一依遵守差送⋯牟邪移

者乃是一院遵守⋯大防凘也頃於

辛酉⋯後三謝行⋯色不許次差

사역원완의 31

緣於恩還而爲奬則極矣⋯叙

誨止通事兩處齎訴得題訓

上應據此⋯目捧甘多應依舊

例定式施行大抵赴熟次事何

等關重⋯幾年遵守之法平

吏吏⋯當芽此來及呈上而欲有

都吏甘結則自當吏不可⋯完

사역원완의 32

議等目矣此後或有⋯色之行

此前⋯奬吏應⋯斷不撓政一遵

舊規按次差送事 戌成完議甘
結在於舊憲

一元赴⋯一依按次差送而者有新

來則新舊⋯差事

一吏官中⋯有請囑⋯差棄次赴

京者擧吏平本減下事

一赴京當次人員觀其行次原簿
收為蕃完者擧新減下事
一新官之赴京換差切不許與他任
相換而率有犯〻者依完欠事
京削汰事
一赴京罷還後拘於十二朔之法只一
院通行之大防則自〻之行次有

사역원완의 33

應差之貢而十二朔内如或蕃屬
棄次者元座次計仕事 添新
一諸處譯學於未滿瓜期當赴
患次革則一依挨次差送伴送〻次
之類事
罰式
凡罰木送一期不納者赴京越一次

사역원완의 34

手本減下載在舊憲而法政太
峻難於施設罰之責反不書念
不一更張終悔〻罰誌收〻議酌
定新規從令為好〻罰之後
限不納則加罰一等又〻限則次
〻加〻至於〻罰〻不納則赴京越
一次未納罰之前元諸赴京譯學

사역원완의 35

不作〻望〻分兒及帽丁曆書
宗許給而〻當〻給則〻為差遣
事 庚申完議
一極罰正木三十疋〻罰二十疋離行
十五疋止罰十疋中罰五疋下罰二疋
事 木一疋代錢二兩式
一未解擥前赴京譯學幷句擬

사역원완의 36

望新来則自爲許来事

一新来限三會司一廳中凡事毋論

若歇輪四擧行而怠慢者從重

科罰事

一新来毋論事許之前屬囑諸處速

爲許泰者損徒事

一非任出言者一廳之不從者不面先

사역원완의 37

進者從重論罰事

一赴京當次責以或見棄則本

廳齋進事此期於必差而有

恕視退步者損徒事

一凡一會時衆而共知實病故外

毋得不泰者浸之論施罰事

一廳會時相瀾者年本削名座上

사역원완의 38

不恭者施以極罰事

一凡座起及一會時任官未到後主

者罰壯徽一來三會司倍徵會經

上綱則各事

一新来毋下罰之必甲捧限則十日内

應罰勾或有逾期不納之契則赴

期摘裝被罰之新来加等責出

사역원완의 39

未捧隱匿之任官從重施罰事

一任官責內以有怠慢不職者則

欧差渡諸以中罰事

助京式

一本廳則財力之他出處若新来

例納丁銀伍兩赴京廳官例納丁

銀伍戔外更無他條之別排納

사역원완의 40

以爲補用之地事
一應官遭大故及妻喪則齎送弔
慰而齎銀三兩代錢八兩一雙炬子一同代
錢則黃燭一雙代錢五分白綿二束代錢則
鷄五分式龍脂十柄代錢三兩空名等物成服
前易爲輸送事
一歿官身化則齎銀五兩上下炬燭燈

사역원완의 41

往而所騎馬則自歿中五錢上
一歿燼炬子三曹司一員領率爲
時有闕則罰下事
壯奴限天明隨行而點考罷送
一元歿燼時歿官隨見在員各出
眞而眞需錢五兩事
地名等物依上項舉行自歿致

사역원완의 42

下事
一返魂弔慰齋會爲當去而之緣不
豢者論罰事
一訃上身化則錢文三兩賻送而身化
時任則身沒東赴京而身化者
一歿官諸事後東赴京而身化者
則納例錢還給束知昉於何時

사역원완의 43

一歿備爲簡應行齋賻束解趁
磨鍊上下事
之事則勾枸疊齋一依元齋
一式有父子先弟同歿而齋當
已上下而必舉論事
而今則各歿通行之已例元納例
珍爲還給而助哀錢則齋納功

사역원완의 44

期舉行則罘呈狀外代呈一切
句許事
　丙子四月十日新定完議
一本應行首官以東壁中曾任正職
員察任者自尤已例內今則東壁俱
未任正職不可無通變之道故自今
為始無論職次以入應先後授次

사역원완의 45

趙正枸
李一達之
李明五二
張錫一石
皮尚龍

사역원완의 47

察任為弥上綱之任亦無論桼上桼
下以上五中察任事
　　　　李勉基色
　　　　金東寬亨
　　　　李復基已
　　張鍵

사역원완의 46

□ 성명: 鄭承惠(Chung, Seunghye)
  주소: 韓國 16632 京畿道 水原市 溫井路 72
      水原女子大學校 祕書科 仁濟館 406號
  전화: +82-31-290-8315
  전자 우편: cshblue@chol.com

□ 이 논문은 2017년 10월 27일 투고되어
      2017년 11월 15일부터 11월 30일까지 심사하고
      2017년 12월 10일 편집회의에서 게재 결정되었음.

2017年 國際譯學書學會 第9回 國際學術會議

○ 企劃主題: 譯學書와 隣接學問
○ 日時: 2017年 7月 29日(土)~7月 30日(日)
○ 場所: 韓國 成均館大學校 退溪人文館 4層 31406號 尖端講義室
○ 主催: 國際譯學書學會
○ 主管: 成均館大學校 文科大學 코어事業團

7月 29日(土) 第1日次		
9:00~9:30	**開會式**	司會: 이준환(李準煥, 韓國 昌原大), 스가야 유타카(杉山豊, 日本 京都産業大)
◦ 開會辭	권인한(權仁瀚, 國際譯學書學會 會長)	
9:30~12:00	**企劃 發表**	司會: 김양진(金亮鎭, 韓國 慶熙大)
◦ 김문경(金文京, 日本 鶴見大)	"≪朴通事≫與≪西遊記≫ ― 兼談朝鮮重刊≪释迦佛十地修行記≫"	
◦ 백옥경(白玉敬, 韓國 梨花女大)	"朝鮮時代 譯官과 譯學書"	
◦ 김상보(金尙寶, 韓國 大田保健大)	"『朴通事』와 『老乞大』를 通해서 본 宴會文化와 乾麪文化"	
12:00~14:00	**中 食**	
14:00~15:40	**個人 研究 發表 1**	座長: 황선엽(黃善燁, 韓國 서울大)
◦ 권인한(權仁瀚, 韓國 成均館大),	"行瑫製『內典隨函音疏 三百七』의 音注 研究"	
◦ 김주필(金周弼, 韓國 國民大),	"'普通學校用 諺文綴字法(1912)'의 特性과 問題點"	
15:50~16:00	**休 息**	
16:00~18:00	**個人 研究 發表 2**	座長: 박재연(朴在淵, 韓國 鮮文大)
◦ 김 란(金蘭, 中國 北京大),	"韓國朝鮮朝留學政策"	
◦ 장향실(張香實, 韓國 尙志大),	"衣食住 文化를 通해 본『朴通事』의 編纂 目的 研究"	
◦ 박꽃새미(朴꽃새미, 韓國 韓國學中央研究院),		
	"한글 文獻에 登場하는 一人稱 謙讓語 '僕'에 對하여"	
18:00	**夕 食**	

7月 30日(日)　第2日次
9:30～12:00　　　**個人 研究 發表 3**　　　座長: 박진호(朴鎭浩, 韓國 서울大) 가야마 유타카(杉山豊, 日本 京都産業大)
◦ 박진완(朴眞完, 日本 京都産業大), "東京外大 所藏本『交隣須知』(1881)에 대한 言 語的 考察−終結語尾의 校訂 樣相을 中心으로−" ◦ 다무라 히로유키(田村祐之, 日本 姬路獨協大), "『老朴集覽』「單字解」「累字解」 と『伍倫全備忠孝記』との関係について" ◦ 허인영(許仁寧, 韓國 高麗大), "轉寫 資料를 通해 본 /ㅕ/의 通時的 變化"
12:00～12:10　　**閉會式**　　　　　　司會: 이준환(李準煥, 韓國 昌原大), 스가야마 유타카(杉山豊, 日本 京都産業大)

국제역학서학회 임원 현황 (학회 조직)

顧　問：姜信沆(韓國 成均館大 名譽敎授), 鄭光(韓國 高麗大 名譽敎授), 藤本幸夫(日本 富山大 名譽敎授), 金文京(日本 鶴見大), 梁伍鎭(韓國 德成女大)

會　長：權仁瀚(韓國 成均館大)

副會長：鄭丞惠(韓國 水原女大), 岸田文隆(日本 大阪大)

監　事：金亮鎭(韓國 慶熙大)

總務理事：李準煥(韓國 昌原大), 杉山豊(日本 京都産業大)

硏究理事：張香實(韓國 尙志大), 伊藤英人(日本 東洋文庫)

出版理事：李承姸(韓國 서울市立大), 許秀美(日本 龍谷大)

財務理事：黃善燁(韓國 서울大), 竹越孝(日本 神戸市外大)

涉外理事：曲曉雲(韓國 光云大), 蕭悅寧(韓國 水源大)

情報理事：朴鎭浩(韓國 서울大), 黃雲(日本 麗澤大)

地域理事：王丹(中國 北京大), 李安九(日本 岡山大), 權一又(몽골 몽골國立師範大)

■ 編輯委員會

編輯委員長：金文京(日本 鶴見大)

編輯委員：中國語 - 金文京(日本 鶴見大), 朴在淵(韓國 鮮文大)

　　　　　日本語 - 藤本幸夫(日本 京都大), 福井玲(日本 東京大)

　　　　　韓國語 - 李賢熙(韓國 서울大), 金亮鎭(韓國 慶熙大)

　　　　　英語 - Ross King(Canada, UBC)

國際譯學書學會 會則

제1장 總則

제1조(名稱) 本會는 '國際譯學書學會'라 稱한다.

제2조(目的) 本會는 譯學書 研究를 통하여 韓國語, 中國語, 日本語, 滿洲語, 몽골語의 歷史와 言語를 통한 東아시아의 歷史·文化의 제반 교류 과정을 밝힘으로써 東아시아학의 發達에 寄與하는 것을 目的으로 한다.

제3조(事務所) 本會의 事務所는 會長의 勤務處에 두는 것을 原則으로 하되, 會長의 有故時 總務理事의 勤務處에 둘 수 있다.

제2장 事 業

제4조(事業) 本會의 目的을 達成하기 위해 다음의 事業을 한다.
  1. 學會誌 <譯學과 譯學書>의 刊行
  2. 每年 國際學術大會 開催
  3. 譯學 資料의 發掘, 調査, 整理, 影印, 出版과 情報化하는 일과 譯學書을 통한 言語史 및 言語·文化 交流史를 연구하는 일을 수행한다.
  4. 其他 本會의 目的 達成에 필요한 사업을 수행한다.

제3장 會 員

제5조(會員) 本會의 會員은 다음과 같다.
  1. 顧問 : 본회와 譯學書 관련 학문의 발전에 功이 뚜렷하여 총회의 추대를 받은 분.

2. 正會員 : 本會의 目的에 찬동하는 석사 이상의 학력과 경력을 갖춘
   사람.

3. 準會員 : 本會의 目的에 찬동하는 사람.

4. 機關會員 : 本會의 目的에 찬동하는 각급 기관이나 단체.

5. 名譽會員 : 本會의 目的에 찬동하여 발전을 도운 사람으로 運營委
   員會의 推戴를 받은 분.

제6조(加入 節次) 本會의 會員이 되고자 하는 者는 所定의 會費와 함께 入會
願書를 本會에 提出하여 總會의 同意를 받아야 한다.

제7조(資格 喪失) 會員이 정당한 사유 없이 소정회비를 3년 이상 납입하지
않을 때에는 그 자격을 상실한다.

제8조(脫退) 회원은 본인의 의사에 따라 자유로이 본회를 탈퇴할 수 있다.

제9조(除名) 본회의 명예를 훼손하거나 본회의 목적에 위배된 행위를 한
사람은 운영위원회의 의결로 제명할 수 있다.

제10조(權限과 義務) 본회의 회원은 다음 각 호에 해당하는 權限과 義務를
갖는다.

1. 任員 選出 및 被選擧權 : 正會員 및 準會員, 名譽會員은 總會의 構成
   員이 되며, 임원 선출 및 피선거권을 갖는다.

2. 회비 납입의 의무 : 顧問과 名譽會員을 제외한 모든 회원은 소정의
   회비를 납입하여야 한다.

제4장 任 員

제11조(任員) 本會는 다음의 任員을 둘 수 있다.

1. 會長 1인

2. 副會長 2인

3. 總務理事 2인

4. 硏究理事 2인

5. 出版理事 2인

6. 財務理事 2인
7. 涉外理事 2인
8. 情報理事 2인
9. 地域理事 若干名

제12조(任務)
1. 會長은 學會를 代表하고 會務를 總括하며 運營委員會와 總會를 소집하여 그 議長이 된다.
2. 副會長은 會長과 함께 學會를 代表하고 會長의 有故時 會長의 役割을 代理한다.
3. 總務理事는 회원의 연락 및 서무에 관한 사항을 주관한다.
4. 硏究理事는 연구발표회를 비롯하여 연구에 관한 사항을 주관한다.
5. 出版理事는 학회지 편집 및 출판 업무와 기타 학회 도서 출판과 관련한 사항을 주관한다.
6. 財務理事는 재정에 관한 사항을 주관한다.
7. 涉外理事는 본회의 섭외 활동을 주관한다.
8. 情報理事는 본회의 홈페이지 관리 및 홍보 업무를 주관한다.
9. 地域理事는 각국에서의 학회 홍보를 담당하고 해당국에서 진행되는 학술대회를 총무이사와 공동으로 추진한다.

제13조(選出 및 任命) 회장은 정기총회에서 선출하며, 이사는 회장이 임명한다.
제14조(任期) 임원의 임기는 선출 및 선임된 해의 10월 1일부터 2년으로 하되 동일 직위에 대한 연임은 1차에 한한다.

제5장 監 事

제15조(監事) 本會의 활동 및 업무 전반에 관한 監査를 위하여 2인 이내의 監事를 둔다.

제16조(權限과 義務) 監事는 다음 각 호의 권한과 의무를 갖는다.

　1. 운영위원회 및 편집위원회에 대해 본회의 활동 및 업무 전반에 대해
　　감사하기 위한 자료의 제출을 요구할 권한을 갖는다.

　2. 운영위원회 및 본회의 각종 위원회에 참석할 권한을 갖는다.

　3. 연1회 이상 회계를 감사하여 그 결과를 정기총회에 보고한다.

　제17조(選出) 감사는 정기총회에서 선출한다.

　제18조(任期) 감사의 임기는 2년으로 한다.

제6장 會 議

제1절 總會

제19조(總會) 본회는 회무에 관한 중요한 사항을 의결하기 위하여 총회를
　　둔다.

제20조(種類) 총회는 정기총회와 임시총회로 나눈다.

제21조(召集) 정기총회는 定期學術大會 시 召集하는 것을 原則으로 하며
　　임시총회는 회장 또는 운영위원 과반수, 또는 회원 5분의 1 이상의
　　요구에 의하여 소집한다.

제22조(成立과 議決) 총회는 참석인원으로 성립되며 참석인원 과반수의 승
　　인으로 의결한다.

제23조(權限) 총회에서는 다음 사항을 의결, 승인 또는 동의한다.

　1. 회칙의 개정 및 보완, 내규의 제정과 개정

　2. 고문 추대에 대한 동의

　3. 회장, 부회장, 감사의 선출

　4. 회원의 입회 및 제명처분에 대한 동의

　5. 입회비 및 연회비의 책정과 재정에 관한 사항 승인

　6. 기타 회무에 관한 중요사항

제2절 運營委員會

제24조(設置) 본회의 중요한 업무 및 방침 등에 관하여 심의, 의결하기 위하

여 운영위원회를 둔다.

제25조(構成) 운영위원회는 임원 전원, 고문, 감사 및 본회의 업무 추진을
위하여 필요하다고 판단되는 회원을 포함한다.

제26조(召集) 운영위원회는 회장 또는 운영위원 3분의 1 이상의 요구에 의
하여 소집한다.

제27조(權限) 운영위원회에서는 다음 사항을 심의 또는 의결한다.

1. 회칙의 변경 및 내규의 제정에 관한 사항
2. 고문 추대에 관한 사항
3. 회원의 입회 및 제명에 관한 사항
4. 입회비 및 연회비의 책정과 재정에 관한 사항
5. 학회지의 편집 및 발행과 출판에 관한 제반 사항
6. 회원의 연구윤리 위반 및 그에 따른 징계에 관한 사항
7. 기타 필요한 사항

第7장 財 政

제28조(財政) 본회의 재정은 入會費, 年會費, 寄附金과 각종 수입금으로 충
당한다.

제29조(會費의 策定) 입회비 및 연회비 책정에 관한 사항은 운영위원회의
의결과 총회의 승인에 따라 시행한다.

제30조(會計年度) 본회의 회계연도는 10월 1일부터 다음해 9월 말일까지로
한다.

第8장 學會誌 發行 및 論文의 投稿와 審査

제31조(學會誌 名稱) 본회의 학회지는 『역학과 역학서』로 칭한다. 본 학회지
의 한자 표기는 『譯學과 譯學書』로 하고 영문 표기는 *Journal of the
Study of Pre-modern Multilingual Textbooks(JSPMT)*로 한다.

제32조(학회지 발행 횟수 및 발행일자) 학회지는 연1회 3월 31일에 발행한

　　다. 단, 회칙의 개정을 통해 연 2회 이상의 발행을 결정할 수 있다.

제33조(학회지 논문의 투고·심사·편집) 본 학회에서 발행하는 학회지에
　　게재하는 논문의 투고 및 심사와 편집 등에 관한 제반 사항은 "학회지
　　논문의 투고와 심사에 관한 규정"에 따른다.

제34조(편집위원회)

　1. 편집위원회는 한·중·일·영어 언어권별로 각 2인 이하로 구성하
　　며, 연구이사와 편집이사는 당연직으로 한다.

　2. 편집위원장은 학회 회장이 학계의 권위자를 위촉한다.

　3. 편집위원은 편집위원장의 제청으로 회장이 위촉한다.

　4. 편집위원은 해당 학문 분야에 대해 연구 업적이 충실하고 연구 활동
　　이 활발한 사람으로 하며, 대학의 부교수급 이상으로 한다.

　5. 편집위원회의 임무는 편집방침에 따른다.

　6. 정기 편집위원회는 학회지 발간 30일 전에 소집한다. 단, 필요에 따
　　라 편집위원장이 임시 편집위원회를 소집할 수 있다.

부칙 제1호 제1조 본 회칙은 2009년 11월 13일부터 시행한다.

　　제2호 제1조 본 회칙은 2013년 10월 1일부터 시행한다.

학회지 논문의 편집 방침

국제역학서학회 학술지 <역학과 역학서>의
출판 방안과 편집 세부 방침

2013년 8월 3일에 개최된 역학서 학회의 총회에서 학회 명칭을 '國際譯學書學會(Association for the Study of Premodern Multilingual Textbooks (ASPMT)로 하고 이곳에서 발간하는 학회지는 Journal of the Study of Premodern Multilingual Textbooks(JSPMT)로 정하면서 이 학회에서 간행하는 학술지에 대하여 다음과 같은 사항을 논의하였다.

현재 한국에서는 모든 학술지 가운데 등재(후보)지를 따로 선정하여 韓國學術 振興財團(현재 韓國硏究財團의 前身)에 등록하게 하고 각종 지원의 기준으로 삼는 제도를 운영 중이다.

초창기에는 亂麻와 같이 얼크러진 각종 학술지를 체계적으로 정리하고 여기저기 亂立한 학회를 정비하기 위한 것이었다. 따라서 어느 정도 규모의 학회지가 아니면 재단 등재지로 신청할 수 없었으므로 초기에는 효과적이었다는 평가를 받았다. 그러나 날이 갈수록 학회는 늘어가고 그에 따라 제도는 심화되었으며 각종 규제가 누적되어 이제는 도저히 걷잡을 수 없는 비대한 恐龍의 조직과 같이 되어 버렸다.

학회를 정비하기 위해서는 그 학회에서 간행하는 학술지에 대한 평가가 중요한 잣대가 되었다. 이에 따라 학회지를 규제하는 여러 가지 제도가 계속해서 마련되었는데 그로 인해 많은 부작용을 낳게 되었다. 이 가운데 가장 폐해가 큰 것은 논문의 사전심사라고 할 수 있다.

현재 한국연구재단의 등재 및 등재후보지의 간행에서는 학술지에 투고된 논문을 반드시 동일분야, 또는 유사분야의 권위자에게 3인 이상의 심사를 거치는 것을 의무화하고 있다. 물론 취지는 해당 분야의 권위자에게 논문의 질과 정확성, 신뢰성을 검증하자는 것이었으나 이러한 제약은 실제로는 심사자들의 주장에 위배되는 논문이나 기존의 이론과 상반되는 주장을 사전에 걸러내는 역할도 없었다고 하기 어렵다. 이것은 학문의 자유와 새로운 학술연구의 발전에 상당한 장애가 되었다.

자신의 이름으로 게재하는 논문은 그 내용에 대하여 필자가 무한 책임을 지게 되는 것이므로 본 학회의 편집위원회에서는 이러한 논문심사는 사전 검열의 성격 이외에는 별다른 의미가 없다고 보아 다음과 같은 방침으로 게재논문의 투고 및 심사 규정을 개정한다.

1. 투고 및 발행일:
1) 논문의 투고 기한은 매년 12월 말로 한다.
2) 논문은 한국어, 중국어, 일본어, 영어 중 하나의 언어로 작성할 수 있다.
3) 투고된 논문은 편집위원회의 심의를 거쳐 3월 31일에 발행하는 학회지에 수록하는 것을 원칙으로 한다.

2. 심사: 해당 분야 전문가의 사전 심사는 생략한다. 다만 편집위원회 전체회의에서 1) 투고자격, 2) 논문 분량, 3) 학회지와의 관련성 항목만 심사한다.
1) 투고자격은 석사학위자 이상으로 한다.
2) 논문 분량은 A4 20매, 원고지 200매 내외로 하고 지나치게 많은 경우 조절한다.
3) <역학서(Premodern Multilingual Textbooks)>에 관련된 주제를 다룬 논문으로 제한한다.
4) 많은 논문이 투고되었을 경우 투고자격과 역학서와의 관련성에 의거하여 편집위원회에서 선정한다.
5) 편집위원장은 원고 마감일 이후 1개월 이내에 편집위원회를 소집하고 투고자에게 논문 게재 여부를 통고한다.

3. 원고형식:

1) 전체 형식은 다음의 배열을 따른다.

　제목-필자명(소속)-요약-핵심어-본문-참고문헌-필자사항

2) 요약은 A4 한 장 내외의 요약으로 본문의 언어와 다른 세 언어 중 한 가지의 언어로 작성하면 된다.(예: 한국어 논문-영어, 일본어, 중국어 요약문 중 택1 / 영어 논문-한국어, 일본어, 중국어 요약문 중 택1)

3) 원고는 자신의 논문을 가장 잘 표현할 수 있는 논문작성법으로 작성하고 원고형식에 특별한 제한을 두지 않는다. 다만 출판사에서 최종적으로 학술지를 편집할 때에 가장 일반적인 작성법을 사용할 수 있다.

The publication plan and specific editing methods
of *Journal of the Study of Premodern Multilingual Textbooks*
of The Association for the Study
of Premodern Multilingual Textbooks

In the general assembly of the Association for the Study of Premodern Multilingual Textbooks, held on August 3rd 2013, the name of the association was decided as Association for the Study of Premodern Multilingual Textbooks(ASPMT) and the name of the journal was decided as Journal of the Study of Premodern Multilingual Textbooks(JSPMT), and the following was discussed about the journal issued by the association.

Currently in Korea, the articles for publication or for candidacy for any research journals are to be selected and registered in Korea Research Foundation(which is the former form of the current National Research Foundation of Korea), and there are systems prepared for providing various support. This was initially designed to systematically organize chaotic journals and random associations.

Therefore, associations that did not reach certain scale could not apply their journals to be registered in the Foundation, and it was considered effective in the beginning. However, the number of journals increased as days went by while the systems intensified and regulations accumulated accordingly, and now it has become an uncontrollably large organization as a Leviathan.

To organize associations, the research journals issued by the associations have become the most important standard for evaluation. Thus, more and more systems have been created to regulate journal issues which led to more side effects. Among these, the biggest problem has been the preliminary review of the articles.

The preliminary review of articles, mandated for all journal publications, require the articles submitted to journals to be reviewed by three or more experts in the same or similar filed of research. Of course, the purpose of this is for the experts to verify the quality, accuracy, and reliability of the articles, but in reality, there have been cases in which the articles that conflicted with the arguments of the experts or that contradicted the existing theories were filtered out in the process. This has become a great obstacle to the freedom of learning and the development of new academic research.

Since the authors have unlimited liability for the articles issued under their names, the Editing Committee of this Association has decided that preliminary review has no value other than the function of pre-censorship, and so the articles will be selected by the following policy.

1. Evaluation: Preliminary review of the experts of the related fields of study will be omitted.

   However, in the general meeting of the Editing Committee, 1) qualification of the submission 2) quantity of the articles, and 3) relationship with the journal will be evaluated.

   1) Those with Master's degree or above qualify for the submission.

   2) The article should be around 20 A4 size pages or 200 pages of manuscript paper, and should be adjusted if exceeds the limit.

   3) The submissions are limited to the topics related to *Old Multilingual Textbooks*.

   4) When there are many submissions, the Editing Committee will make selections based on the qualification of submission and the relevancy to the *Old Multilingual Textbooks*.

   5) Within one month after the application process, the Editing Committee will convene, and the result of the submission will be notified to the applicants.

2. Acceptable languages for the articles: Korean, Japanese, Chinese, English

3. Format of the Articles
   1) The overall format should follow the following arrangement.
      Title - Name of the author(Affiliation) - Abstract - Key words - Main text - References - Notes/Contact Information about the author
   2) The abstract should be around 1 A4 page, written in any one of the three acceptable languages other than the language used in the main text.(e.g. Korean article - 1 choice of English, Japanese, or Chinese abstract / English article - 1 choice of Korean, Japanese, or Chinese abstract)
   3) The article should be written in any article style that demonstrates the best qualities of the article, and there are no specific limits. However, the publisher may use the most general style when making final editions to the journal.

訳学祕学会の学術誌『訳学祕研究』の
出版及び具体的な編集方針について

　2013年8月3日に開催された訳学書学会の総会で、学会の名称を「国際訳学書学会」(Association for the Study of Premodern Multilingual Textbooks: ASPMT)とし、この学会から発刊される 学会誌『訳学と訳学書』を『訳学書研究』(Journal of the Study of Premodern Multilingual Textbooks:JSPMT)へと改名することが決められ、その際にこの学術誌について、次のような論議が行われた。

　現在、韓国では、すべての学術誌の中から「登載誌」、または「登載候補誌」を選定し、韓国学術振興財団(現在の韓国研究財団の前身)に登録させ、各種支援に当たるという制度が設けられている。創始期においては、乱麻のごとく絡まっていた各種学術誌を体系的に整理し、乱立していた学会を整備するという趣旨のものであった。

　これは、ある程度の規模のある学会誌でなければ、財団に登載誌として申し込むことができなかったので、当初においては効果的だったという評価を受けていた。しかし、日増しに学会は増えていき、それに伴って制度による各種の規制が累積し、今はもう到底取り留めようもない、恐竜のような肥大化した組織になってしまったのである。

　学会を整備する際、それぞれの学会を評価するための最も重要な物差しとなったのはその学会から刊行される学術誌であった。そのために、現在、学会誌を規制する様々な制度が設けられており、またそれによる多くの副作用も生じている。その中でも最も大きな弊害は論文の事前審査だと言える。

　現在、すべての学術誌はその刊行において掲載論文への選定審査が義務付けられており、学術誌に投稿された論文は必ず同一分野、または類似分野の権威者で構成された三名以上の審査委員による審査を通さなければならないと規定されている。もちろん、その趣旨は各分野の権威者に論文の質や正確性、信頼性を検証してもらうところにあるが、実際は自分と反対の主張を展開する論文や既存の理論と相反する主張を事前に取り除く機能をしていることも完全には否定できない。これが学問の自由と新しい学術研究の発展において大きな障害となっているのである。

　自分の名前で掲載する論文はその内容に対して筆者自身が無限責任を負うことになっているので、本学会の編集委員会では、このような従来における論文審査を事前検閲の性格以外は特別な意味を持たないものとして見なし、下記のような方針によって掲載論文を選定する。

1. **審査:** 該当分野の専門家による事前審査は省略する。
　ただし、1)投稿資格、2)論文の分量、3)学会誌との関連性については編集委員会の全体会議で審 査を行う。
　1) 投稿資格は原則として修士以上の学位を有する者とする。
　2) 論文の分量はA4用紙20枚・400字づめ原稿用紙100枚前後とし、多すぎる場合は調整する。
　3) 「訳学書」(Premodern Multilingual Textbooks)関係の主題を扱った論文に制限する。
　4) 投稿された論文が多い場合、投稿資格や訳学書との関連性に基づいて編集委員会で選定する。
　5) 投稿の締め切り日から1ヶ月以内に編集委員会を召集し、投稿者に掲載の可否を通知する。

2. **論文作成の言語:** 韓国語、日本語、中国語、英語

3. **原稿形式**
　1) 全体的形式は次の順序に従うこと。
　　題目→筆者名(所属)→要約→キーワード→本文→参考文献→筆者に関する事項
　2) 要約はA4用紙1枚程度にまとめる。要約を作成する際は、上記の言語の

中で本文の言語と異なる一つ　の言語を選んで作成すること。(例: 韓国
語論文の場合は英語、日本語、中国語の中から一つを選ん　で要約文を
作成する。英語論文の場合は韓国語、日本語、中国語の中から一つを選
んで要約文を作成する。)
3) 論文作成法に関しては制限を設けないので、自分の論文に最もふさわし
い方法で作成すれば良いだろう。ただし、最終的に出版社によって学術
誌が編集される際に、最も一般的な作成法が取られ　ることはある。

〈國際譯學書學會 編輯委員〉

編輯委員長： 金文京(日本・鶴見大)

編輯委員　： 中国語 – 金文京(日本・鶴見大), 朴在淵)韓国・鮮文大)

　　　　　　　日本語 – 藤本幸夫(日本・京都大), 福井玲(日本・東京大)

　　　　　　　韓国語 – 李賢熙(韓国・ソウル大), 金亮鎭(韓国・慶熙大)

　　　　　　　英　語 – Ross King(Canada, UBC)

对译学书学会学术刊物《译学书研究》的
出版方案与具体编辑方针

在2013年8月3日举办的译学书学会总会中指定名称为"国际译学书学会
(Association for the Study of Premodern Multilingual Textbooks (ASPMT))",并将
在此发行的学会刊物指定名称为"Journal of the Study of Premodern Multilingual
Textbooks (JSPMT)"。对本协会发行的学术刊物相关如下事项进行讨论。

现今在韩国，将所有学术刊物均选定为刊登或刊登候补，在韩国学术振兴财
团(现今韩国研究财团的前身)进行登记，并成立各种相关支援制度。这是为了
将过去错综复杂的各种学术刊物进行体系化的整理，并将四处胡乱设立的学会
进行整合。

因此如果不是有一定规模的学会刊物，就不能申请财团刊物。这种方法在初
期得到好评。但随着时间推移学会增加，其制度也因此变得更加深化。各种制
约积累下来到现在已经成为无法控制的庞大如恐龙般的组织。

为了整理学会，各学会中发行的学术刊物成为最重要的评价尺度。还有持续
形成诸多制约及由此引发了很多副作用。可以说其中问题最大的就是论文的事
前审查。

在所有学术刊物发行中，对刊登论文的事前审查事项上，规定投稿到学术刊
物的论文必须经过同一领域及类似领域的3名以上权威人士的审查。当然这是
为了各领域权威者保证论文的质量与正确性及信赖性的过程，但实际上也有可
能起到权威者预先筛除违背自己主张的论文或与原有理论相异的主张的作
用。这对学问的自由与新学术研究的发展成为相当严重的阻碍。

对于以自己的名字刊登的论文，笔者须对其内容负无限责任。因此本学会的
编辑委员会判断这种对论文审查除了事前检阅的性质之外毫无任何意义，所以
选定如下方针：

1. 审查：省略各领域专家的事前审查。
   但在编辑委员会总会上只对1)投稿资格2)论文分量3)对与学会刊物的关联性
   项目进行审查。
   1) 投稿资格上需要硕士以上学位。
   2) 论文分量为A4纸 20张、原稿纸200张左右，过多时进行调整。
   3) 只限于与≪译学书(Old Multilingual Textbooks)≫相关主题的论文。
   4) 投稿论文较多时，根据投稿资格和与译学书的关联性由编辑委员会选定。
   5) 论文征集期间之后在一个月以内应召集编辑委员会，给投稿者下达论文刊
      登与否的通知。

2. **论文制作语言**：韩国语、日本语、中国语、英语

3. **论文形式**
   1) 整体形式上按照如下排列顺序：
      题目-作者名称(所属单位)-摘要-关键词-正文-参考文献-作者事项
   2) 摘要在一张A4纸左右范围内进行，并使用与正文不同的上述三个语言中的
      任何一个语言撰写即可。(例如：韩国语论文；可在英语、日语、中国语
      中选一，英语论文；可在韩国语、日语、中国语中选一种语言撰写摘要。)
   3) 选择最能表现自己论文的方法撰写论文，不设特别的限制。但最终在出版
      社编辑学术刊物时，可使用最普遍的编辑法。

譯學과 譯學書 第8號

發行日　2017年 12月 31日

發行處　**國際譯學書學會**
　　　　(우) 51140
　　　　　　경남 창원시 의창구 창원대학로 20(사림동 9)
　　　　　　창원대학교 국어국문학과
　　　　Tel. (055) 213-3102
　　　　Fax. (055) 213-3109
　　　　e-mail: yijunhwan@naver.com

製作處　**圖書出版 博文社**
　　　　Tel.(02) 992 | 3253
　　　　e-mail: bakmunsa@hanmail.net
　　　　http://www.jnc.jncbms.co.kr

ISBN 979-11-89292-09-6　94710　　　　　　**정가** 15,000원